Jeanne Ruland • Murat Karaçay

AF636311

KRAFT TIER Orakel

Ein liebevoller Begleiter
im Alltag

Begleitbuch zu den 64 Karten

Schirner Verlag

Wir verzichten auf das Einschweißen unserer Kartensets – **UNSERER UMWELT ZULIEBE!**

ISBN 978-3-8434-9092-4

Jeanne Ruland & Murat Karaçay
Krafttier-Orakel
Ein liebevoller Begleiter im Alltag

© 2005, 2017 Schirner Verlag GmbH & Co. KG,
Birkenweg 14 a, 64295 Darmstadt
E-Mail: gpsr@schirner.com
30. Auflage April 2026

Schachtel & Layout der Karten: Anke Müller, Schirner, unter Verwendung von Bildern (siehe Bildnachweis)
Lektorat & Layout des Begleitbuchs: Kerstin Noack & Alina Machka, Schirner
Druckproduktion: Ren Medien GmbH, Filderstadt
Printed in Czech Republic

www.schirner.com

Alle Rechte vorbehalten
Reproduktion jeglicher Teile nur mit ausdrücklicher Genehmigung des Verlages

Inhalt

Einführung

Was sind Krafttiere?

Krafttiere sind gute Geister, Lehrer und Mittler in den geistigen Welten. Sie stehen uns zur Seite, führen und helfen uns, heilen, tragen und schützen uns, begleiten uns treu und verleihen uns ihre Qualitäten und Fähigkeiten, damit wir bestimmte Situationen in unserem Leben gut meistern können.

Der Begriff »Krafttier« ist vorwiegend aus dem schamanischen Umfeld bekannt, wo auf geistiger Ebene nach wie vor aktiv mit ihnen gearbeitet wird. Für Schamanen sind sie unverzichtbare Gefährten; für uns sind sie geistige Verbündete, die uns in der »Anderswelt« begleiten und uns mit besonderen Fähigkeiten, Fertigkeiten und Gaben ausstatten. Die enge Beziehung zwischen Mensch und Tier kann in allen Kulturen dieser Welt verfolgt werden. Tierverbündete bringen dem Menschen Kräfte, Eigenschaften und Qualitäten, die ihm helfen, sein Leben zu meistern.

Wir können unsere Krafttiere in allen Angelegenheiten des Lebens rufen. Sie sind uns gute Berater in persönlichen, beruflichen, partnerschaftlichen, gesundheitlichen, gruppendynamischen und anderen Angelegenheiten. Meistens sind sie Heiler, Begleiter und Botschafter, zeigen sie sich jedoch auf der geistigen Ebene in dunkler, düsterer oder abnormaler Weise, so können sie ein Hinweis auf psychische oder physische Störungen sein.

Ich wünsche mir, dass deine Tierverbündeten dir über dieses Kartenset eine für dich wichtige Botschaft aus dem geistigen Reich zukommen lassen mögen.

Anwendung der Karten

Durch jede Karte fließt eine bestimmte Energie. Sie kommt zu uns, auch wenn es so aussieht, als ob wir die Karte auswählten. So ist es auch mit den Krafttieren – sie suchen sich uns und nicht wir uns sie. Unser Krafttier bringt eine Botschaft, eine Energie und eine neue Qualität in unser Leben, die uns hilft, dieses auf heilsame, glückliche Weise auszurichten.

Bevor du eine Karte ziehst, nimm dir Zeit, dich zu sammeln. Du kannst eine Kerze anzünden, dann werde still in dir, und fühle in dich hinein.
Was ist deine momentane Lebenssituation? Welche Frage beschäftigt dich? Was möchte in deinem Leben geheilt werden? Was möchte gelöst werden? Was bewegt dich tief in deinem Herzen? Oder möchtest du einfach nur wissen, welches dein Krafttier ist?
Stelle eine Frage. Je klarer du in dir bist, desto deutlicher wird die Botschaft der Karte dich im Herzen berühren. Dann ziehe eine Karte, lasse sie eine Zeit lang wirken. Frage dich, für welche Eigenschaften und Qualitäten das Tier, das sich dir gezeigt hat, steht und inwieweit diese in deiner Lebenssituation nützlich und hilfreich sind.

Verschiedene Wege, mit den Karten zu arbeiten

Du kannst auf dem Herzschlag der Trommel reisen (entweder indem du eine CD einlegst oder indem du eine Trommel im Rhythmus schlägst) und das Tier auf der Karte zu dir sprechen lassen. So erhältst du eine ganz persönliche Botschaft in deinem Herzen, die dich auf deinem Weg führt.

Oder du kannst über die Botschaft der Karte meditieren. Wenn du das tust, kann sich das Motiv verändern, und neue Aspekte können erwachen. Dies ist ein gutes Zeichen, weil du dich der Kraft im Herzen wirklich öffnest und deine eigene Energie mit einfließen lässt. Lasse zu, dass die Karte zu dir spricht. Lasse zu, dass sich ihre Energie verselbstständigt und beginnt, ein Eigenleben zu führen.

Außerdem kannst du in verschiedenen Büchern zum Thema »Krafttiere« die Bedeutung des Tieres und die Kraft, die es dir bringt, nachlesen. Du kannst dich aber auch den Erklärungen in diesem Büchlein zuwenden und sie als Orakel für deine momentane Lebenssituation nutzen.

Die Deutung der von dir gezogenen Karte ergibt sich aus der Kraft, die ein Tier dir bringen kann. Die Karte

spricht über die Erklärung zu dir. So gewinnst du eine konkrete Vorstellung von der Qualität, den Fähigkeiten und der Kraft des Tieres.
Du kannst dich auch fragen: Für welches Element steht das Tier (Erde/Materie, Feuer/Energie, Wasser/Emotion, Luft/Geist, Äther/feinstoffliche Energie)? Welche Fähigkeiten und welche Eigenschaften hat es? Wie stehen diese in Bezug zu meiner momentanen Lebenssituation?
Am Ende jeder Tierbeschreibung findest du eine Affirmation. Affirmationen sind Sätze, die uns helfen, uns dem Wirken der Tierenergie zu öffnen. Sie sind wie Schlüssel zu den Toren einer bestimmten Kraft, die wir in unser Leben einladen und der wir Ausdruck verleihen können. Die Schlüsselsätze zu der jeweiligen Karte sollten wir so oft wie möglich wiederholen. Auf diese Weise bringen wir eine bestimmte neue Qualität in unser Leben und machen sie zu einem Teil von uns selbst.

Du kannst einmalig oder über einen langen Zeitraum mit einem Tier und seiner Kraft arbeiten. Wenn du seine Energie, seine Qualität, in dein Leben integriert hast, wirst du es merken. Du selbst bist die Kraft in der Karte.

Die Krafttier-Karten

Adler

Höheres Selbst

Bedeutung der Karte

Dein Ruf wurde erhört. Du erhältst Führung in einer Angelegenheit. Verbinde dich mit der Kraft deines Höheren Selbst, und wisse, dass sich jetzt alles zum Guten wenden wird. Betrachte alles aus der Perspektive des Adlers. Sie ist frei, weit und unbegrenzt – unendlich viele Möglichkeiten und Wege offenbaren sich dir.

Erklärung

Der Adler kreist über deinem Leben, um dir Schutz, Kraft und Glaube in die göttliche Führung zu bringen. Er sendet dir ein Zeichen, dass jetzt alles gut wird. Er bringt Sieg, Gelingen und Gerechtigkeit in einer Angelegenheit.

Betrachte deine momentane Situation mit ihren Aufgaben und Prüfungen nicht länger als eine Belastung. Richte dich auf, sage Ja zu der dir gegenwärtig gestellten Aufgabe. Erhebe dich in den Himmel, betrachte

das, was dich beschäftigt, aus einer neuen, umfassenderen, übergeordneten Perspektive. Lasse alle kleinlichen, beschränkenden Gedanken los, und vertraue der göttlichen Führung. Eine machtvolle Kraft hat sich deiner angenommen.
Verlasse dich auf die Kraft des Adlers, die dich jetzt begleitet. Die Wahrheit wird sich offenbaren. Das Licht der Sonne und der Bewusstheit ist mit dir.

Affirmation

»Der göttliche Wille wirke durch meinen, so soll es sein. Ich öffne mich und vertraue auf die göttliche Führung in meiner Angelegenheit – jetzt!«

Affe

Wendigkeit

Bedeutung der Karte

Der Affe zeigt sich in deinem Leben, um dir Leichtigkeit, Spaß und Spiel zu bringen. Nimm das Leben nicht zu ernst. Es hat viele Ebenen, und du hast viele Möglichkeiten, dich auszudrücken. Löse dich aus starren Mustern und Verhaltensweisen. Erfasse den Augenblick, und lebe deine Originalität, deine Einzigartigkeit, auch in Gruppen.

Erklärung

Der Affe schenkt dir Wendigkeit und Unbeschwertheit, damit du dem Dickicht deines Lebens entfliehen kannst. Er fordert dich auf, den Augenblick zu leben. Genau dort liegt deine Möglichkeit, zu handeln, dich auszudrücken und Neues zu erfahren.

Der Affe bringt dir die Leichtigkeit, das Spiel und den Humor. Mit diesen ausgestattet, kannst du dich aus eingefahrenen Situationen, starren Denk- und Verhaltensmustern befreien. Kommt der Affe in dein Leben,

so steht eine rasante Entwicklung bevor, in der große Wachstums- und Entfaltungsmöglichkeiten auf dich warten.
Erinnere dich an deine Kindertage. Ein Kind erfährt Neues durch Offenheit, Neugierde, seine Sinne und Spiel. Es stört sich nicht daran, wenn es dabei einmal hinfällt. Es spielt, folgt seinen inneren Impulsen, probiert und fragt so lange, bis es das Neue begriffen hat. Folge deinen inneren Impulsen, auch wenn es dir komisch erscheint. Schaue dir eine Sache von den verschiedensten Seiten an, und öffne dich den Entwicklungen in deinem Leben. So werden dir neue Erkenntnisse und Wege offenbart. Der Affe fordert dich auf, jeden Augenblick wahrzunehmen, neugierig und frei zu bleiben und den Impulsen zu folgen, die du in dir fühlst.

Affirmation
»Mit Leichtigkeit folge ich den Impulsen meines Herzens. Ich lebe den einzigartigen Ausdruck meiner selbst – jetzt!«

BÄR

SCHUTZ, GEBORGENHEIT

Bedeutung der Karte

Das Gebet deiner Seele ruft den großen Bären auf den Plan. Er bringt dir die Kraft zurück, die du investierst, wenn du dich durch ständige Aktivitäten, volle Terminpläne und zu hohe Ansprüche verausgabst. Nimm dir Zeit, entspanne dich, und tanke auf.

Erklärung

Der Bär bringt persönlichen Schutz, Stärke und Kraft. Bist du in dieser Kraft, so kannst du auch in Liebe Nein sagen, dich klar und deutlich abgrenzen, dich zurückziehen, dir Zeit nehmen, um dich auf dich selbst zu besinnen, deinem eigenen Herzschlag zu folgen und das zu tun, was du dir jetzt wünschst.

Der Bär erinnert dich daran, es dir gut gehen zu lassen. Gestatte dir, faul auf deiner Haut zu liegen und den Honig des Lebens zu genießen. Wir sind keine Maschinen, sondern Menschen. Jeder von uns hat seinen eigenen Rhythmus, seinen eigenen Herzschlag, und wir

alle sind angeschlossen an übergeordnete natürliche Rhythmen und Gezeiten. So wie Tag und Nacht, Ebbe und Flut, Einatmen und Ausatmen sich abwechseln, so braucht auch die Seele ihre Zeit zum Ausruhen und zum Auftanken, um dann wieder aktiv zu werden.
Der Bär zeigt dir, wie du mit deinen Kräften haushalten kannst. Er gebietet dir Einhalt, damit du nach innen schaust und deinen inneren Bedürfnissen nachgehst. Wenn du nicht für dich sorgst, wer dann? Die Erde dreht sich auch mal ohne dich. Außerdem bringt dir der Bär Geborgenheit und die Liebe zu dir selbst. Er gibt dir den Schutz und die Kraft, durch die du dein inneres Gleichgewicht wiedererlangen kannst. Er fordert dich auf, es dir in deiner Bärenhöhle gemütlich zu machen und dir immer wieder Zeit für dich selbst zu nehmen. Daraus erwachsen wahre innere Kraft und Stärke. Lade dich durch Ruhepausen immer wieder auf, dann wirst du in aktiven Zeiten Großes vollbringen können.

Affirmation

»Ich folge der Stimme in meinem Inneren. Ich vertraue auf meine Kraft und stimme mich auf den heilsamen, harmonisierenden Rhythmus ein.«

BIBER

KRAFT DER VISION

Bedeutung der Karte

Der Biber zeigt dir das magische Gefühl für diese Welt. Zwischen Himmel und Erde gibt es mehr, als wir ahnen. Der Biber lehrt dich, auf deine Träume, deine Visionen und Wünsche zu hören. Sie sind die Samen, durch die das Licht in die Welt kommen kann. Du hast viele Möglichkeiten zur Verfügung, nutze sie.

Erklärung

Der Biber führt dich zurück in deine innere Welt, das Reich der Träume, Visionen, der Intuition und Wünsche. Er fordert dich auf, Träume und Visionen wahrzunehmen, sie ernst zu nehmen und zu verfolgen. Sie zeigen dir, was du in deinem Leben verwirklichen kannst. Die Kraft, Neues zu erschaffen, wohnt in dir. Du bist Mitschöpfer im großen Plan. Der Biber schenkt dir das Vertrauen in deine schöpferischen Fähigkeiten und fordert dich auf, sie anzuerkennen und umzusetzen.

Zeigt sich dir der Biber, so stehen die Zeichen ausgesprochen günstig, im Einklang mit dem Seelenplan deinen eigenen Weg zu gehen. Als tatkräftiger Nager, der imstande ist, große Bauwerke mit Kreativität und verschiedensten Materialen entstehen zu lassen und seine Umgebung drastisch umzugestalten, schenkt er dir die Gabe, Dinge tatkräftig und praktisch umzusetzen. Er hilft dir bei der Neuorientierung und in Situationen des Übergangs, sodass du den Weg deiner Seele mithilfe der Kräfte zwischen Himmel und Erde finden und leben kannst. Wenn du dich selbst ernst nimmst und dich deinen inneren schöpferischen Kräften ganz öffnest, ist dir praktische Hilfe gewiss, und der Weg der Verwirklichung wird sich dir zeigen.

Affirmation

»Ich vertraue und glaube. Das hilft und lässt die göttliche Kraft wirken. Ich öffne mich jetzt ganz für mein schöpferisches Potenzial.«

Büffel/Bison

Überfluss, Beständigkeit

Bedeutung der Karte

Treue und Zuverlässigkeit sind die Basis für Vertrauen und Sicherheit. Verankere sie in dir. Wenn du jetzt innerlich in Frieden bleibst und beharrlich deinen Blick auf dein Ziel lenkst, so wirst du Erfolg ernten. Büffel und Bison schenken dir jetzt Ausdauer und inneren Frieden, womit sie dich zur Fülle führen.

Erklärung

Büffel und Bison bringen dir Beharrlichkeit und Ausdauer. Unter ihrer Führung will eine Sache, die begonnen wurde, durchgehalten und zu Ende geführt werden, damit sie Erfolg bringt. Büffel und Bison zeigen dir, wie du den Frieden in dir findest und ihn erhältst, egal, wie die Umstände im Moment aussehen mögen. Sie lenken deinen Blick nach innen, damit du dich fest in dir verankern, dir treu bleiben und dich ausrichten kannst, auch wenn du dich in Gruppen bewegst.

Büffel und Bison schenken dir einen untrüglichen Orientierungssinn für die richtige Richtung im Leben. Für deine Angelegenheiten verleihen sie dir jene Portion Sturheit, die ab und zu notwendig ist, damit du deinem inneren Gespür folgen kannst, ohne dass du ständig von außen abgelenkt wirst. Dabei helfen sie dir auch, den Sinn für die Gemeinschaft nicht zu verlieren. Büffel und Bison versorgen dich und offenbaren dir deinen eigenen Reichtum, deine Fähigkeiten und Talente, die du nutzen kannst, um deinen Beitrag in der Welt zu leisten. Fülle und Überfluss findest du zuerst in dir, richte dich daran aus. Das, was du säst, wirst du auch ernten können. Du bist dabei, den Weg in die Fülle, den Frieden und den Reichtum zu finden.

Affirmation
»Frieden und die rechte Ausrichtung beginnen in mir. Fülle und Reichtum offenbaren sich mir. Beharrlich folge ich meiner Bestimmung.«

Dachs

Heilung

Bedeutung der Karte

Der Dachs bringt dir Heilung auf allen Ebenen. Er lenkt deine Aufmerksamkeit auf dich, auf deine Lebensgewohnheiten, deine Lebensumstände, deine Gedanken, Gefühle und deinen Körper. Er schenkt dir die wunderbare Möglichkeit, dein Leben drastisch umzugestalten, sodass du Heilung, Erfüllung und Liebe erfahren kannst.

Erklärung

Der Dachs ist der Helfer in der Not. Da er sich weder vor der Dunkelheit fürchtet noch das Licht scheut, bringt er dir in jeder Lage heilende Erkenntnisse auf deinem Weg. Er zeigt dir, wie du in dir beginnen kannst, die Kräfte neu auszurichten und zu harmonisieren, sodass Heilung geschehen kann. Er fordert dich auf, stehenzubleiben, hinzuschauen und auch die dunklen Seiten und die Schatten in dir nicht zu fürchten. Wenn du sie betrachtest, verlieren sie ihre Schrecken und werden

sich auflösen. Wenn sie in dir Erlösung durch Erkenntnis gefunden haben, werden sie dir Heilung und neue Kraft bringen, und dein Umfeld wird sich von selbst in heilsamer Weise neu gestalten.
Der Dachs kennt die Wege in dein Unterbewusstsein. Er fordert dich auf, die Verantwortung voll und ganz für dich zu übernehmen, für die Schatten ebenso wie für das Licht, und nicht länger andere für die Dinge in deinem Leben, die nicht funktionieren, verantwortlich zu machen. Wenn du dein Leben in deine Hände nimmst, hast du damit auch die Kraft gewonnen, es zu ändern.
Der Dachs kennt die Heilwege der Natur. Er führt dich zu den für dich richtigen Pflanzengeistern, den Bäumen und Quellen, die dir Kraft schenken, damit du deine Selbstheilungskräfte in dir aktivieren kannst. Er fordert dich auf, in die Natur zu gehen und wirklich tiefe Heilung durch Wahrhaftigkeit und Selbsterkenntnis zu finden.

Affirmation
»Ich aktiviere meine Selbstheilungskraft. Der Weg der Heilung offenbart sich mir immer deutlicher und klarer – jetzt!«

DELFIN

LEBENSFREUDE

Bedeutung der Karte

Mit dem Delfin an deiner Seite werden sich schwierige Angelegenheiten nun mit spielerischer Leichtigkeit lösen lassen. Der Delfin fordert dich mit seiner liebevollen Art auf, zu spielen, Spaß zu haben und glücklich zu sein. So gelangst du auf eine höhere Schwingungsebene, hier findest du die heilsame Antwort. Der Energiefluss setzt ein.

Erklärung

Schaue, was dir Spaß macht und dir Lebensfreude schenkt: schöne Musik, Tanzen, Singen, Malen, Spazierengehen, dich mit Freunden treffen ... Wenn unsere Gefühle sich wieder auf die Freude, die das Leben bringt, einstellen, so werden sich die Umstände ändern – einfach weil wir unsere Einstellung geändert haben!

Der Delfin kommt jetzt in dein Leben, um dir die Schönheit der Kommunikation zu zeigen. Wir haben so viele Möglichkeiten, uns auszudrücken und Dinge, die in unserem Leben aus dem Gleichgewicht geraten sind, wieder in Harmonie zu bringen. Lasse dich inspirieren, sage ohne Worte und mit ganzer Freude, was du sagen möchtest, schreibe es in die Luft, stelle dir die Harmonie vor ... Es gibt so viele Wege, schöpferisch zu kommunizieren.

Die Geistige Welt liebt dich unendlich, sie führt dich und beschützt dich. Die Delfine, welche als Engel der Meere gelten, geben dir ein Zeichen, dass alles gut ist und seinen richtigen Weg findet. Sie senden dir heilende Töne und fordern dich auf, zu verzeihen, Heilung zuzulassen, neu anzufangen, Mitgefühl zu leben, zu lieben, bedingungslos etwas für deinen Nächsten zu tun. Vertraue auf ihre Kraft, und lasse dich von ihnen führen. Richte deine innere Welt wieder auf Freude, Spaß und Harmonie aus, und lebe das Miteinander in einer Gemeinschaft, indem du bewusst deinen Teil dazu beisteuerst.

Affirmation

»Ich bin Licht und Liebe – jetzt! Ich bin das strahlende göttliche Licht, das mich einhüllt, inspiriert und mich erneuert. Die Frequenz der Freude strahlt durch mich in die Welt.«

DRACHE

BEFREIUNG, ENTFESSELUNG

Bedeutung der Karte

Der Drache bringt dir die Botschaft, dass sich die Lebenskräfte jetzt erneuern und du einen neuen Ring der Kraft betreten hast. Es kann sein, dass du dich inmitten dieser Veränderung nicht wiederfinden kannst und das Gefühl hast, nicht zu wissen, wohin. Doch die göttliche Führung ist mit dir. Richte dich aus, halte die Kraft, lasse geschehen, und vertraue. Nutze diese immense dynamische Kraft, wie ein Wellenreiter die Kraft der Welle einzusetzen vermag. Gehe mit ihr, statt gegen sie.

Erklärung

Der Drache kündigt an, dass dein Leben eine grundlegende Erneuerung erfahren will. Nun entwickelst du dein wahres Potenzial, neue großartige, wunderbare Aspekte offenbaren sich dir. Die gewonnene neue Kraft, die du in dir entwickelt hast, will von dir in die richtigen Bahnen gelenkt werden.

Der Drache bringt dir die magische Seite des Lebens. Er lehrt dich, dein mächtiges Potenzial, das einhergeht mit der Achtsamkeit und mit dem Respekt vor der Schöpfung, sowie das Wissen um die Fähigkeit des Mitschöpfertums zu entfalten. Du weißt, dass du deine Realität selbst erschaffst und damit auch in der Lage bist, sie zu verändern.

Nutze die Kraft, die dir der Drache bringt, um die unerschöpfliche Kraftquelle und das Potenzial, das in dir liegt, richtig zu leiten, zu lenken und zu nutzen. Du kannst mit wenig Aufwand allein durch Konzentration ein großes Kraftfeld aufbauen. Der Drache fordert dich auf, die Kraft in dir zu meistern. Er bringt dir Ausdauer, Schutz und Erkenntnis im Umgang mit deiner Energie. Lerne, auf dem Drachen zu reiten.

Affirmation

»Ich nehme mein mir innewohnendes Potenzial voll und ganz an und entfalte meine Kraft – jetzt!«

EICH-HÖRNCHEN

KOMMUNIKATION

Bedeutung der Karte

Das Eichhörnchen kommt, um dir zu sagen, dass du gern gesehen und von Herzen willkommen bist. Öffne dein Herz voller Freude für die Begegnung mit der Welt. Mache dich frei von den Ängsten und Sorgen aus der Vergangenheit, die dich manchmal noch quälen. Es ist vorbei. Für dich wird gesorgt. Lasse deine Freude, deine herzerfrischende Art und deine Liebe für die großen und kleinen Dinge des Lebens in die Welt strahlen.

Erklärung

Manch überkommener Gedanke, manch altes Gefühl wohnt noch im Tempel deiner Seele. Doch du hast mittlerweile viele neue erfüllende Kräfte kennengelernt. Du kannst jetzt wählen: Das Eichhörnchen bringt dir die Öffnung für den Augenblick und die unendlich vielen Möglichkeiten und Wege, die dir heute zur Verfügung stehen.

Öffne deine Augen, schaue dich um. In diesem Augenblick ist für alles gesorgt. Erkenne die Möglichkeiten und Wege um dich herum. Betrachte die Dinge wach und so, als ob du sie das erste Mal sähest. Das Eichhörnchen bringt dir den Wagemut, Neues auszuprobieren und Dinge aus anderen Perspektiven zu betrachten. Es hat die Fähigkeit, Nüsse zu knacken, hilft dir also auch, schwierige Aufgaben mit Leichtigkeit zu lösen. Die Lösung wird jetzt kommen.

Das Eichhörnchen zeigt dir, wie du nach einigem Abwägen den richtigen Weg, die richtige Handlung und das richtige Wort finden kannst. Es bringt dir einen fruchtbaren Austausch und gutes, segensvolles Gelingen in den großen und kleinen Angelegenheiten des Lebens. Es sagt dir aber auch: Kümmere dich ab und zu um dich selbst, gönne dir etwas Gutes. Lege dir Vorräte an, auf die du in Notzeiten zurückgreifen kannst. So sammelst du Kraft. Horche nach innen, hier findest du deine einzigartige Qualität, dem Leben voller Freude und ohne Angst zu begegnen.

Affirmation

»Für mich ist gesorgt. Ich vertraue und folge meiner Eingebung.«

EIDECHSE

REGENERATION

Bedeutung der Karte

Wenn die Eidechse erscheint, bringt sie die einzigartige Kraft, dich zu regenerieren, zu erneuern und zu heilen. Alte Wunden können heilen, seelische Verletzungen Frieden finden. Die Kraft erneuert sich und kehrt zurück. Eine besondere Segnung kündigt sich an. Lasse geschehen.

Erklärung

Das, was uns manchmal nicht heil werden lässt, ist das harte Urteil, das wir über uns selbst fällen. Wir kritisieren uns, erniedrigen uns, zweifeln an uns und unseren Fähigkeiten, fühlen uns minderwertig, trauen uns nicht, können uns nicht vergeben, machen uns klein, stellen unser Licht unter den Scheffel, halten uns nicht für würdig. Diese Haltung dient niemandem und am wenigsten uns selbst. Du bist ein perfektes und vollkommenes Geschöpf Gottes.

Die Eidechse fordert dich auf, aus den dunklen Ritzen der starren Gemäuer, die wir aus irgendwelchen Grün-

den erschaffen haben, herauszukommen. Sie erinnert uns daran, uns wieder anzuschließen an die ewige, wärmende Lichtquelle, die alle lebendigen Geschöpfe bedingungslos liebt, versorgt, trägt und die glücklich ist über jeden, der sich ihr wieder in seiner vollen Kraft zuwendet. Hier liegt eine große Regenerations- und Heilungskraft, die dir jetzt und jederzeit zur Verfügung steht. Das Göttliche ist Gnade, Liebe, Vergebung, Freude, Glückseligkeit.
In der wärmenden Sonne, in Anbindung an die Quelle und im höchsten Licht werden alle Teile in dir neu versorgt und aufgeladen, alte Urteile über dich können wie Eis in der Sonne schmelzen, alte Wunden heilen, alte Schmerzen Frieden finden, und Fehlendes wird ergänzt. Eine große Chance offenbart sich dir. Der Segen des Göttlichen ist jetzt und für alle Zeit mit dir. Öffne dich.

Affirmation
»Ich bin im Einklang mit dem Licht der Quelle. Ich bin versorgt und finde nun Heilung auf allen Ebenen. Ich nehme den Segen an – jetzt!«

EINHORN

WAHRHAFTIGKEIT

Bedeutung der Karte

Wann bist du nicht wahrhaftig? Wo lebst du ein Ja, obwohl du in deinem Herzen ein Nein fühlst? Der goldene Segensstrom und die göttliche Gnade werden dir in der Verbindung von oben und unten durch die Begegnung mit dem Einhorn geschenkt. Nutze die Kräfte, um sie wieder ihrem reinen Ursprung zuzuführen. Wandlung steht bevor.

Erklärung

Das Einhorn bringt dir die Erinnerung an deinen Ursprung, an deine geistige Heimat im Licht. Du bist ein Kind des Lichtes und der Liebe. Du hast das Tor deiner Seele geöffnet, und diese segensreiche Kraft hat dein Energiefeld betreten, um es wieder in seinen ursprünglich reinen leuchtenden, strahlenden Zustand zu versetzen. Kraft seiner magischen, segensreichen Fähigkeiten hilft es dir, Karma, Laster, schlechte Veranlagungen zu wandeln und dein Selbst wieder in das strahlende Ursprungslicht zu erheben.

Das Einhorn bringt dir Erkenntnisse, Anbindung an dein wahres Zuhause und die Aufforderung, die Wahrheit in deinem Herzen bedingungslos zu leben. Bleibe dir treu, und begehe keinen Verrat mehr an deiner Seele, indem du etwas mitmachst, obwohl es nicht deinem wahren Empfinden entspricht. Die Kontakte, die wahrhaftig sind, werden bestehen bleiben, und du wirst neue Kontakte knüpfen. Alte Dinge können sich im neuen Licht wandeln. Der Weg deines Herzens in Wahrheit und Einklang mit deinem Höheren Selbst wird dir und anderen großen Segen bringen. Wandlung steht bevor. Deine wahre Lebensmission wartet auf ihre Erfüllung, offenbare sie der Welt.

Affirmation

»Mein Seelenpotenzial eröffnet sich mir. Ich lebe die Wahrheit in meinem Herzen. Das Göttliche offenbart sich durch mich – jetzt!«

Elch

Qualität

Bedeutung der Karte

Eine Situation entwickelt sich zum Besten und findet jetzt Stabilität. Die Arbeit und die Mühe in einer Angelegenheit haben sich gelohnt, sie wird von Erfolg gekrönt und offenbart ihre wunderbare Qualität. Du wirst angeleitet aus der göttlichen Quelle, die lichten Kräfte sind mit dir. Sie unterstützen dich und stehen dir zur Seite.

Erklärung

Der Elch bringt Schutz und Führung. Neu erworbene Fähigkeiten und Stärken, die durch die Meisterung einer Situation gewonnen wurden, finden jetzt ihren Ausdruck. Der Erfolg wird sichtbar. Erinnere dich der Führung aus der Quelle. Der Elch fordert dich auf, dich an deine innere Weisheit – an Gott, die Quelle, die Engel, die geistigen Helfer, die Hilfe im Inneren anzuschließen und damit Kontakt aufzunehmen.

Nimm dir Zeit, lausche der Botschaft im Inneren. In der konzentrierten Verbindung mit Himmel und Erde, die in deiner Mitte zusammenfließen, entstehen die Kraft, die Stabilität und die Macht, richtige Entscheidungen zu treffen, heilsame Lösungen zu finden und Lebensqualität zu entwickeln. Du wirst geliebt, geschützt und geführt, und wenn du nicht weiterweißt, so öffne dich, gib die Situation einfach an die geistige Führung ab. In der inneren Zwiesprache entwickelt sich die Kraft. Lausche den Zeichen, die dir gesandt werden.
Der Elch erinnert dich daran, nicht zu ernst, zu starr zu sein, in der Ruhe zu bleiben, das Leben aus einem übergeordneten Blickwinkel und auch einmal mit einer großen Portion Humor zu betrachten. Zudem zeigt er dir, dass weniger manchmal mehr ist. Konzentriere dich auf den nächsten Schritt, der jetzt ansteht.

Affirmation
»Die göttliche Quelle führt mich. Die Kraft von Himmel und Erde trägt mich, sie lädt mein Lichtfeld auf, strahlend, hell, leuchtend.«

Elefant

Weisheit

Bedeutung der Karte

Der Elefant betritt dein Leben, um dir zu verkünden, dass jetzt alle Hindernisse auf deinem Weg beseitigt werden. Er bringt dir Hilfe, Unterstützung und Kraft. Du wirst getragen, deine Vorhaben werden gelingen. Stabilität und Glück kündigen sich an.

Erklärung

Der Elefant bahnt dir durch das Dickicht des Lebens den Weg, auf dem dir dann viele folgen können. Er räumt Hindernisse zur Seite und bringt Fruchtbarkeit, Glück und Gelingen in allen Angelegenheiten. Er schenkt dir einerseits eine robuste, stabile Natur und andererseits eine hohe Feinfühligkeit und große Sensibilität für deine Umwelt, dazu viele Möglichkeiten, zu handeln. Mit seinem sozialen, liebevollen Verhalten schenkt er dir inneren Frieden und den guten Umgang in der Gemeinschaft.

Nimm den Platz in der Gemeinschaft ein, der dir zugedacht ist. Schaue liebevoll auf andere, und versuche, dich nicht mit ihnen zu vergleichen. Du bist einzigartig. Erkenne deine Qualitäten und Stärken. Besinne dich auf deinen inneren Frieden, und entdecke die Schönheit in dem einzigartigen Augenblick, der dir jetzt gegeben ist. Daraus erwächst innere Führung und die Kraft, dieser Führung zu folgen. Du kannst die vielen Handlungsmöglichkeiten, die in dem Augenblick liegen, mit Bedacht und Herz erkennen und mit Frieden im Herzen einsetzen. Ein weiser Ratgeber, der Großes ankündigt, steht dir zur Seite. Deine Lebenssituation wird stabil und tragfähig.

Affirmation
»Glück, Erfolg und ein langes Leben begleiten mich – jetzt! Der Weg ist frei.«

Ente

Wärmende Herzensliebe

Bedeutung der Karte

Dein Herz wird geöffnet und ein Stück geweitet. Die Ente watschelt in dein Leben, um dir Zuversicht, den Zugang zu deiner Intuition und Geborgenheit in deinem Inneren zu bringen. Achte jetzt auf deine Träume, Visionen und Eingebungen. Sie bringen Heilung und Erkenntnis.

Erklärung

Die Ente schenkt dir die Gabe der Innenschau. Sie öffnet dich für deine feinfühligen Sinne und größere Zusammenhänge. Durch ihr wärmendes und wasserabweisendes Federkleid können die Emotionen anderer an dir abtropfen, wie das Wasser an ihrem Federkleid abperlt. Deine innere Wärme bleibt dir erhalten, egal, was kommt. Du kannst aus dir heraus, aus deiner eigenen Kraft schöpfen. So bleibst du mit dir verbunden und kannst deutlich die Grenze erkennen zwischen dem, was du in deinem Inneren fühlst und empfindest, und dem, was von außen an dich herangetragen wird. Damit hast du Wahlmöglichkeiten und kannst dich liebevoll abgrenzen.

Die Ente bringt dir die wärmende Herzensliebe. Sie trägt dich sicher von einem Ufer zum anderen, macht dir Mut, die ersten Schritte aus eigener Kraft zu tun, deine Fähigkeiten zu entdecken und zu entwickeln. Die Ente hilft dir, die Beziehungen zu den Menschen, die dir am Herzen liegen, zu stärken. Du lernst, deinem Weg zu folgen. Die Ente zeigt dir, wie du die Dinge, statt sie zu trennen, miteinander vereinen kannst – nicht entweder oder, sondern sowohl als auch. Jede große Reise beginnt mit dem ersten Schritt. Die Ente zeigt dir die ersten Schritte auf deinem Weg der Selbstfindung.

Affirmation

»Ich bin geschützt und geborgen in meinem Sein. In mir liegt alles, was ich brauche, um meine Vision zu verwirklichen.«

ESEL

EIGENWILLIGKEIT

Bedeutung der Karte

Du erhältst die Chance, Altes loszulassen und deinem eigenen Weg instinktsicher zu folgen. Dein Vorhaben wird anders laufen als geplant. Dabei wird es jedoch von höheren Kräften liebevoll, zum Wohle aller und in Weisheit geleitet. Nicht zu bekommen, was man möchte, kann großes Glück bedeuten. Lasse los, gib dich hin, und vertraue. Die Weisheit und die Gnade des Göttlichen sind mit dir.

Erklärung

Der Esel stellt sich quer, hat seinen eigenen Kopf und geht seinen eigenen Weg. Auf närrische Weise spiegelt er dir damit dein momentanes Verhalten. Er will dich aufmerksam machen auf dein Festhalten an Dingen, die dir selbst schaden könnten. Du ahnst es, möchtest es aber nicht wahrhaben.

Wenn Dinge nicht so laufen wie geplant, so kann das einen Grund haben, den wir vielleicht aus unserer menschlichen Perspektive erst einmal nicht erkennen können. Vielleicht wollen wir unbedingt Tickets für die »Titanic«, weil es unser großer Traum ist, mit diesem Schiff zu fahren, doch dies wird uns vom Schicksal verwehrt. Ständig geht etwas schief, oder es kommt etwas dazwischen. Im Moment fühlen wir uns benachteiligt, sind wütend und traurig, doch irgendwann werden wir verstehen, welches Glück wir gehabt haben.

Halte inne, schaue in die klugen Augen des Esels, und erkenne den weisen Rat, den er dir bringen möchte. Eine Sache unbedingt durchsetzen zu wollen, kann Unglück hervorrufen, wenn wir nicht die Führung und Fügung des Schicksals hören, den leisen Bedenken in uns nicht nachgehen und sie nicht prüfen.

Lasse jetzt los, und vertraue auf die göttliche Führung. Nimm die ungewöhnlichen, für dich erst einmal umständlichen und ungewollten Wege. Sei zuversichtlich, du hast allen Grund dazu.

Affirmation

»Ich lasse los und vertraue. Die göttliche Kraft hilft und führt mich – jetzt!«

Eule

Einweihung

Bedeutung der Karte

In der Dunkelheit wird das Licht geboren. Die Eule fordert dich auf, die Augen zu öffnen und dich der dunklen Seite des Lichtes zuzuwenden. Hier liegen die Lösung und die Befreiung. Ein Geheimnis wartet darauf, gelüftet zu werden. Behindernde Aspekte möchten gewandelt werden. Altes löst sich. Neue schöpferische Energie wird frei für eine glückliche Zukunft.

Erklärung

Der unheimlich klingende Ruf der Eule erreicht deine Seele. Du wirst gewahr: Schon wieder die gleiche Situation in deinem Leben, schon wieder dieselbe Erfahrung, nur mit anderer Besetzung. Kann das nicht aufhören? Dein Fragen wurde erhört, und wie ein Echo erschallt die Antwort aus dem Feld deiner Schatten.

Bestimmte Situationen wurden dir geschickt, weil es Zeit ist, dass du Lösungen für sie findest. Mache dich

auf die Reise, gib den Schatten ein Gesicht, und sei auf Überraschungen gefasst. Solange wir vor den Schatten wegrennen, billigen wir ihnen eine Macht und eine Größe zu, die sie nicht haben. Die Eule schenkt dir die Kraft, das Tor des Unterbewusstseins aufzumachen, den Keller deiner Seele zu betreten, damit du schauen kannst, was dort noch wirkt und die Entfaltung deines wahren Potenzials behindert.
Du bist nicht allein. Mächtige geistige Verbündete sind mit dir. Öffne deine Augen. Schaue dir an, was dich noch quält, entlarve den Schatten, der dich verfolgt und immer wieder Unruhe in dein Leben bringt. Verschrotte die Dinge, die dir nicht mehr dienen, damit schaffst du Platz für Neues. Eine großer Entwicklungsschritt steht bevor. Deine Gabe, kreativ zu sein, zu schöpfen und zu erschaffen, möchte ans Tageslicht treten.

Affirmation

»Ich nehme meine Kraft an und übernehme die Verantwortung für mein Leben. Mit der Kraft meines Unterbewusstseins erschaffe ich Frieden, Glück und Erfolg in meinem Leben – jetzt!«

FALKE

SCHNELLIGKEIT

Bedeutung der Karte

Ein großartiger Tierverbündeter kreist jetzt über deinem Leben. Schärfe deine Sinne, erweitere deinen Blick. Beziehe die spirituelle Ebene in deine Angelegenheiten mit ein, jene Ebene, die jenseits von Raum, Zeit, Tod, Leiden, Krankheit und Alter existiert. Ein Wink des Schicksals bringt in deinem Leben eine neue, unerwartete, lichtvolle, Erfolg versprechende Wende. Siegreiches Gelingen begleitet dich jetzt.

Erklärung

Dein wahres Selbst möchte gehört und gesehen werden. Vertraue dir, und lasse den mächtigen, strahlenden Aspekt, deine höhere Natur, in die Welt leuchten. Von hier aus kommen die Führung, die vitale Sonnenkraft, die lichtvollen Impulse und die Wende in dein Leben. Hier siehst du klar, erhältst du einen Überblick über die Lage und weißt, was als Nächstes zu tun ist. Du kannst jetzt abgeben, loslassen und dich tragen lassen.

Der Falke leitet dich an, deinen wahren Gefühlen zu folgen und dir selbst zu vertrauen. Vielleicht gab es Zeiten, in denen du dich an anderen orientiert hast, dich unwichtig, unsicher und klein fühltest und den Impulsen im Inneren keinen Raum geben konntest. Diese Zeit ist vorbei. Klar, unübersehbar und deutlich leuchtet am Himmel die ersehnte Führung. Sie ist in dir. Gib ab, was dich belastet, lasse los, was dich quält, wiege dich in der Geborgenheit und in dem Vertrauen, dass zur rechten Zeit der richtige Impuls in deinem Innersten entsteht und dich genau das Richtige tun lässt. Vertraue dir.

Der Falke bringt die Wende und trägt dich im Licht der Sonne zum Sieg. Das Schicksal meint es jetzt besonders gut mit dir. Der Falke legt sein schützendes Federkleid um dich und erinnert dich an die Quelle, die immer und ewig da ist und darauf wartet, dich zu empfangen, damit du aus ihr schöpfen kannst. Öffne deine Augen, alles liegt auf dem Weg.

Affirmation

»Siegreiches Gelingen begleitet all meine Handlungen – jetzt!«

Fisch

Intuition

Bedeutung der Karte

Achte auf deine Träume und Eingebungen. Eine Botschaft wartet auf dich. Der Fisch schwimmt in dein Leben, um dich an deine Intuition zu erinnern und an deine Fähigkeit, wahrzunehmen. Werde ruhig. Halte inne. Höre dir zu. Handle erst, wenn du den Impuls deutlich in dir fühlst.

Erklärung

Kennst du das Gefühl, im Strudel der Emotionen und Einflüsse um dich herum zu versinken und jegliche Orientierung zu verlieren? Wenn du ins Schwimmen kommst, immer mehr in Angst gerätst und nicht mehr weißt, was eigentlich los ist. Und kaum meinst du, einen Weg gefunden zu haben, löst er sich schon wieder in Wohlgefallen auf, und andere Einflüsse stürzen auf dich ein.

Der Fisch schwimmt in dein Leben und schenkt dir die Gabe, dich einerseits auf dich zu besinnen, deinen Weg zu finden und andererseits die tragenden Kräfte im Außen zu entdecken, damit du im Strom des Lebens dein Ziel erreichen kannst. Der Fisch stärkt deine Intuition, verstärkt deine Sinneswahrnehmungen und hilft dir dabei, den richtigen Abstand zu wahren, sodass du dich und andere nicht verletzt. Manchmal hilft es, innezuhalten, anzuhalten, das bunte Treiben innerlich und äußerlich an sich vorbeiziehen zu lassen, es einfach nur zu beobachten, ohne eingreifen zu wollen. So kommst du nach und nach zu dir zurück.

Je mehr du zur Ruhe kommst, desto mehr kann sich dein Herz wieder öffnen. Plötzlich weißt du aus dir heraus, wo es weitergeht und was jetzt dafür zu tun ist. So findest du die Strömung der Liebe, die dich trägt. Der Fisch fordert dich auf, immer wieder innezuhalten, stehen zu bleiben und erst weiterzumachen und das zu tun, was du in dir fühlst, wenn der Impuls deutlich da ist. So wirst du getragen auf dem Strom der Liebe.

Affirmation

»Das Leben trägt mich und versorgt mich. Ich gebe ab und vertraue dem Fluss des Lebens. Alles ist gut.«

FLEDERMAUS

ORIENTIERUNG

Bedeutung der Karte

Neue ungewöhnliche Wege tun sich auf. Eine innere Stimme fordert dich auf, dich eine Zeit lang auf dich selbst zu besinnen, um dein geistiges Erbe zu erwecken. Der Ruf der Ahnen dringt aus der Ferne zu dir. Veränderungen stehen bevor. Öffne dich. Das wahre gehütete geistige Potenzial deiner Seele möchte in dir erwachen.

Erklärung

Wie oft hadern wir mit unserer Familie, unserer Sippe, unseren Ahnen – und damit mit uns selbst! Wir schauen auf die Schwächen, den Mangel, auf das, was sie uns nicht gegeben haben oder nicht geben konnten, auf alte Wunden und Abgründe und auf das, was uns dadurch versagt war, und erhalten das innere Drama damit aufrecht. Dabei ist unser Blick kurzsichtig, unsere Wahrnehmung oberflächlich. Unsere Zeit ist jetzt. Lange schon wartet unser eigentliches kraftvolles Erbe,

das durch viele Generationen weitergegeben wurde und Kriege, Krankheiten, Verluste, Grausamkeiten, Tod und Schmerz überdauerte, in uns auf sein Erwachen. Die Fledermaus wartet beharrlich an der Decke der Höhle deiner Einweihung auf dich, um dich sicher zum Ursprung des Seins zu führen. Sie schenkt dir Orientierung und eine geschärfte Wahrnehmung, damit du dieses kostbare Geheimnis lüften kannst.
Es ist jetzt an der Zeit, sich zurückzuziehen, den Kontakt in der Außenwelt auf das Notwendigste zu reduzieren und dem Ruf in dir zu folgen. Eine Einweihung, eine innere Öffnung steht bevor. Folge dem Mysterium, das ganz tief in dir verborgen liegt und deine Zukunft gestalten wird. Suche die Wege nach innen, durch Wahrnehmung, Traumbotschaften, Trancereisen, Trommelreisen, Meditation, Innenschau ... Mithilfe der gewonnenen Erkenntnisse wirst du ein tieferes Verständnis, Achtung, Vergebung, Erlösung und Befreiung erlangen. Der Wandel beginnt in dir.

Affirmation

»Ich vertraue meiner Wahrnehmung und öffne mich. Ich werde sicher geführt.«

FROSCH

HEILUNG

Bedeutung der Karte

Der Heiler in dir erwacht. Alte emotionale Verletzungen können jetzt heilen. Du meisterst schwierige Situationen, die dir zudem fruchtbare Erkenntnisse bringen. Durch den Blick in den Spiegel kannst du deine Möglichkeiten erkennen und auch, wie sich die Kräfte, die dir zur Verfügung stehen, zugleich zur Wandlung und zum Wohle aller einsetzen lassen. Wunder geschehen.

Erklärung

Der Frosch bringt Entwicklung durch den Blick in den Spiegel. Schaue nach innen. Erkenne die Welt als Spiegel deiner Seele. Betrachte dein Leben als ein Stück auf einer Bühne. Welche Rolle spielst du darin? Wie gefällt es dir? Wie würdest du es verändern? Wie soll es weitergehen? Wie wird es ausgehen? Richte dich neu aus, und spiele mit deinen Gestaltungsmöglichkeiten. Der Frosch kündigt eine neue, plötzliche Entwicklung

an. Heilung geschieht, wenn wir anerkennen, was ist, loslassen, was vergangen ist, und unsere Kraft und unser Mitschöpfertum jetzt in diesem Augenblick voll und ganz annehmen.
Du hast heilende Kräfte. Nimm sie voll und ganz an, zweifle keine Sekunde länger daran, und richte deine Aufmerksamkeit konzentriert darauf. Lasse deine Heilkraft durch dein Herz in deine Hände und von dort in alles fließen, was in deinem Leben der Heilung bedarf. Vertraue dich den göttlichen Mächten an, und lasse zu, dass Wunder geschehen. Entledige dich festgefahrener Gedankenmuster und Verhaltensweisen.
Suche Seen und fließende Gewässer auf, hier findest du die Antworten auf deine Fragen. Du bist gesegnet. Das, was du in die Welt gibst, wird Früchte tragen. Es ist dir bestimmt, viele Menschen im Herzen zu berühren und Heilung zu bringen.

Affirmation

»Es hilft und heilt die göttliche Kraft. Alles ist so, wie es ist, perfekt. Ich bin bereit, ein Leben in ... (Liebe, Frieden, Fülle etc.) zu leben – jetzt!«

FUCHS

SELBSTERKENNTNIS

Bedeutung der Karte

Eine Enttäuschung kann jetzt überwunden werden. Alte Wunden wollen in einer geborgenen Atmosphäre wahrgenommen, gepflegt und geheilt werden. Deine Selbstheilungskräfte werden aktiv. Ziehe dich zurück, und schmiede dein Glück abseits ausgetretener Pfade. In deinem Inneren wird dein unvergleichliches Licht neugeboren.

Erklärung

Kommt dir das bekannt vor? Du wirst nicht gesehen, hast das Gefühl, für viele Menschen einfach Luft zu sein, deine wahren Wünsche und Bedürfnisse werden nicht gehört. Etwas fehlt dir in deinem Leben. Unsicher, wo der Weg hinführen könnte, was als Nächstes kommen könnte, rennst du geduckt hin und her, kopierst, überlebst mehr, als dass du lebst, und versuchst, irgendwie ein Stück vom großen Ganzen zu bekommen.

Der Fuchs führt dich zum Spiegel deiner Seele. Sei zufrieden mit dem, was du jetzt hast. Du bist versorgt. Schau nicht nach anderen, miss und vergleiche dich nicht mit ihnen. Du bist einzigartig, wunderbar, unverkennbar und hast eine ganz eigene Bestimmung. Richte dich in dir aus. Höre dir selbst zu, und gib dir das, was du jetzt brauchst und dir immer gewünscht hast. Im Fuchsbau, in der Höhle, im Rückzug, in deinem Inneren wird das Licht der Selbsterkenntnis geboren. Hier findest du die Geborgenheit, die Kraft, die Antwort und die Quelle in dir, und deine ureigene unvergleichliche Energie kann sich entfalten. Alte Wunden und Enttäuschungen können in Ruhe angeschaut und geheilt werden. Du beginnst, deines Glückes Schmied zu werden.

Affirmation

»Ich bin der, der ich bin. Alle Kraft kehrt zu mir zurück. Das Leuchten wird in mir geboren und zieht alles, was ich brauche, um glücklich zu sein, in mein Leben – jetzt!«

GANS

ZUVERLÄSSIGKEIT

Bedeutung der Karte

Bleibe dir treu. Folge dem, was sich für dich über lange Zeit bewährt hat. Feuer sind schnell entfacht, Verbindungen schnell aufgebaut, doch in der Beständigkeit, im Alltag und in schwierigen Situationen zeigt sich, wer es wirklich ernst mit dir meint. Lasse dich nicht vom Schein und Glamour einer im Glanz des Augenblicks erstrahlenden Situation blenden. Schaue hinter die Dinge. Lasse dir Zeit, prüfe, wäge ab, und erkenne die wahre Absicht.

Erklärung

Oft vertrauen wir blind und arglos verheißungsvollen Worten, Gesten und Angeboten, ohne wirklich zu wissen, worauf wir uns einlassen. Damit zerstören wir vielleicht das, was wir uns über lange Zeit aufgebaut und erarbeitet haben. Doch das, was sich bisher in guten und schlechten Zeiten wohl bewährt hat, ist eine gute Basis, die geachtet und geehrt werden möchte, auch wenn sie ein Teil des Alltags geworden ist.

Die Gans als Glücksbotin kommt in dein Leben gewatschelt und bringt dir den tiefen, wahren Blick für die Dinge. Taten zählen mehr als Worte. Prüfe eine Angelegenheit, ein Angebot, indem du ihre langfristigen Auswirkungen betrachtest und nicht nur den Impulsen des Augenblicks folgst. Ergründe sie. Nimm den Zeitdruck heraus, und wisse: Das, was gut ist, wird sein.

Die Gans trägt dich heim und zeigt dir, wie gut es tut, dir selbst treu zu bleiben und dich auf das heilige Feuer in deinem Herzen zu besinnen, entspannt und in aller Ruhe Neuerungen zu betrachten, diese einzubinden und nur das zu tun, was mit deinem Herzschlag im Einklang ist. Auf diese Weise erwächst in dir die Basis, die tragende Grundlage, die Kraft und Stärke für Glück bringende, Erfolg versprechende, langfristige Projekte.

Affirmation

»Die Wahrheit offenbart sich mir. Ich sehe klar und deutlich. Das, was gut ist, wird sein. Ich lasse los, gebe ab und erwarte nur das Beste – jetzt!«

Geier/ Kondor

Magisches Wissen

Bedeutung der Karte

Ein altes Leiden findet jetzt ein Ende. Die Vergangenheit kann bereinigt werden. Du wirst auf allen Ebenen Hilfe erhalten. Fesselnde Verbindungen und störende Einflüsse werden sich jetzt für alle Zeiten lösen. Sei bereit, Altes abzugeben. Neue Türen öffnen sich dir.

Erklärung

Geier oder Kondor kommen in dein Leben und zeigen dir an, dass du auf dem Weg bist, alte Leiden zu erlösen. Lasse jetzt alles los, was nicht mit dir im Einklang ist. Das, was du nicht als authentisch, als in vollkommener Übereinstimmung mit dir empfindest, gehört nicht zu dir. Es sind alte Fesseln, Anhaftungen, Bündnisse, Schwüre, Bürden, Flüche, Versprechen, Muster und Verhaltensweisen, die du irgendwann einmal geschaffen hast, weil sie zu dieser Zeit mit deinem Seelenplan im Einklang waren. Es können auch Dinge sein, die andere von dir erwarten, obwohl du sie nicht in dir fühlst.

Du stehst an der Aufwärtsspirale deines Lebens. Lasse die alten schweren Belastungen jetzt hinter dir. Wenn irgendetwas in deinem Leben dich nicht freigeben will und hartnäckig an dir haftet, so sei bereit, es höheren Kräften zu überlassen, sie werden dich unfehlbar anleiten, den Weg deines Glückes zu gehen.
Geier und Kondor bringen dir die Erlaubnis zur Wandlung und Auflösung sowie die Kraft, die du dazu benötigst. Alte Leiden werden jetzt heilen, und das auf eine Weise, wie du es dir nicht vorstellen kannst. Du hast es verdient, glücklich zu sein, denn du bist eine wunderbare, einzigartige Schöpfung der göttlichen Existenz. Sei bereit, vertraue dich deiner göttlichen Führung an, und lasse los.

Affirmation

»Ich bin bereit, Altes gehen zu lassen und für mein Glück die volle Verantwortung zu übernehmen. Alte Gelübde, Bündnisse, Flüche, Bürden, Versprechen ... erkläre ich von nun an und für alle Zeiten für null und nichtig. Ich übergebe sie den Flammen der Umwandlung und erlaube mir, ab sofort ein Leben in Harmonie, Glück, Freiheit und Fülle zu führen.«

Hahn/Henne

Erneuerung

Bedeutung der Karte

Eine Inventur deiner Seele steht an. Negative Gefühle, Bilder und Gedanken möchten angeschaut und durch positive Gedanken, kraftspendende Bilder und eine freundliche Haltung dir und anderen gegenüber ersetzt werden.

Erklärung

Kennst du das? Keiner kann es dir recht machen. An allem findest du etwas auszusetzen. Du bist enttäuscht, weil andere sich nicht so verhalten, wie du es erwartest. Du hängst dich an Kleinigkeiten auf und machst aus einer Mücke einen Elefanten. Das, was du hast, kannst du nicht wirklich genießen. Überall erkennst du den Mangel, die Fehler und die Unzulänglichkeiten. Der Kontakt mit anderen gibt dir nichts ... Das Huhn kommt in dein Leben, um dir die Dämonen und Hungergeister in deinem Inneren zu zeigen. Hast du sie erkannt, so kannst du dein Inneres heilen, indem du aufhörst, die Außenwelt für deine Lage verantwortlich zu machen. Hier möchte etwas ausgetrieben, gesehen und geheilt werden. Wache auf aus deinem Dämmerschlaf. Erkenne deine Chance im Sonnenaufgang des neuen Morgens. Übernimm die Verantwortung für dich und dein Leben, erwecke die Sonne in dir, und beginne, dich aktiv für das einzusetzen, was dir wichtig ist. Reinemachen steht an und die Heilung deines Energiefeldes. Vitalisiere es, indem du zerstörerische Muster auskehrst, aufladende, kraftspendende Gedanken und Bilder aufbaust sowie um Hilfe und Unterstützung aus den geistigen Reichen bittest. Sieh dich selbst, wie du in Glück und Harmonie und im Einklang mit deinen Mitmenschen lebst. Danke für all das, was du bisher als selbstverständlich erachtet hast. In der Haltung der Dankbarkeit wird ein neues Bewusstsein erwachen. Wünsche erfüllen sich, wenn Erwartungen losgelassen werden.

Affirmation

»Mein Energiefeld wird von Tag zu Tag schöner, kraftvoller und leuchtender. Mein Licht strahlt in die Welt. Ich lasse los und vertraue. Ein neuer Tag bricht an. Danke für die neuen Chancen, die ich Tag für Tag erhalte.«

Hase/ Kaninchen

Herzensliebe

Bedeutung der Karte

Atme in dein Herz. Öffne es ganz weit. Der feine, zarte, weiche Teil deines Wesens möchte beachtet werden. Er hat eine Botschaft für dich. Doch um diese zu empfangen, ist es wichtig, dass du ganz still wirst, Vertrauen zu ihm fasst und ihm deine Aufmerksamkeit schenkst.

Erklärung

Der Hase oder das Kaninchen hoppelt in dein Leben, um dich an den feinen, zarten, weichen, vertrauensvollen, liebevollen Teil in dir zu erinnern. Oft fordert der Alltag Arbeit, Härte, Aktion, Reaktion, und wir vergessen, uns um unsere Herzensangelegenheiten zu kümmern sowie um das, was für unser Seelenheil und das derer, die uns lieben, ganz wichtig ist. Wir erschöpfen damit unsere Liebe, und ehe wir uns versehen, hat sie unser Leben verlassen oder ist nicht mehr zu finden. So ist es immer wieder wichtig, dass wir die

Arbeit beiseitestellen und die Liebe pflegen, uns Zeit nehmen für unsere/n Liebste/n, für die Menschen, die uns sehr wichtig sind, und in uns hineinfühlen. Es sind Kleinigkeiten, die unser Herz wieder aufgehen lassen: ein üppiges Schaumbad für uns selbst; ein gemeinsamer Spaziergang mit dem Partner; den anderen zu fragen, wie es ihm geht, und wirklich bereit zu sein, ihm zuzuhören, ganz da zu sein; ein liebendes Wort von Herzen; mit seinen Kindern zu spielen; Seifenblasen in die Luft zu pusten; eine Freundin/einen Freund auf einen Kaffee einzuladen; eine kleine Überraschung zu bereiten ... Wenn wir die Liebe pflegen, so ist sie uns eine gute Basis, die uns trägt und uns Flügel verleiht, sodass wir die Anforderungen des Alltags leichter nehmen können. Wenn wir glücklich und erfüllt von der Liebe sind, werden alle Angelegenheiten wahrhaft lichtvolle Früchte tragen.

Affirmation

»Ich öffne mein Herz und gebe und empfange die Liebe. Mein Herz erblüht wie eine Rose, der zarte Duft meiner Seele erfüllt die Welt mit Freude und Glück.«

Hirsch

Öffnung

Bedeutung der Karte
Etwas bewegt sich in deiner Seele. Es will schon lange gehört und beachtet werden. Folge deinen feinfühligen, sensitiven, hellsichtigen Eingebungen und deinem Gespür für die höher schwingenden energetischen Ebenen, und vertraue dir. Wachstum und Entwicklung stehen bevor.

Erklärung
Zeigt sich der Hirsch, so tritt die sensible Seite im männlich-aktiven Teil unserer Seele zutage. Dieser zu folgen, erfordert oft mehr Mut und Stärke, als mit der »Hau drauf!«-Methode vorzugehen. Sei mutig, und traue dich, auszudrücken, was wirklich in dir vorgeht, was du tief in deiner Seele empfindest.
Der Hirsch leitet dich an, deine Gaben aktiv zu leben und ihnen Ausdruck zu verleihen. Er bringt das rechte Gefühl, wann es angesagt ist, laut und deutlich zu reden, wann es besser ist, zu schweigen, wann es an

der Zeit ist, deutlich Grenzen zu setzen und dadurch seinen Platz zu behaupten, und wo es am besten ist, sich gar nicht zu zeigen. Wir müssen nicht überall mit dabeisein, wenn wir unseren eigenen Platz und unsere wahre Familie kennen.

Der Hirsch zeigt uns den klaren, friedlichen, deutlichen Weg im Umgang mit anderen und setzt unsere wahren Gaben ins rechte Licht. Er sorgt dafür, dass die Wahrheit gesprochen wird, die Seelenkräfte geschützt sind und die Grenzen sehr deutlich werden, ohne dass wir kämpfen müssen. Er lenkt unseren Blick nach innen und führt uns in den inneren geistigen Welten zum wahren Schatz der Seele. Innenschau, Rückzug, Meditation und Kontemplation verhelfen jetzt der zarten, machtvollen Kraft in uns zu Wachstum. Sie wird unmissverständlich und deutlich aus uns leuchten, was Respekt, Segen und Achtung im Umgang hervorruft. Du wirst geschätzt und geachtet.

Affirmation

»Ich vertraue dem, was ich im Inneren fühle. Ich bin zur rechten Zeit am rechten Ort und tue genau das Richtige. Wo ich auch gehe, wo ich auch stehe, meine Worte und Taten bringen Heilung, Licht und Freude.«

Hund

Treue, Schutz

Bedeutung der Karte

Du wirst unendlich geliebt. Ein treuer, wahrhaftiger, dich liebender Begleiter ist immer an deiner Seite. Er hütet dein Seelenlicht und gibt dir jederzeit strahlende Kraft, damit du alles meistern kannst, was auf deinem Lebensweg liegt. Du bist allerorts wunderbar geborgen, beschützt und behütet.

Erklärung

Manchmal fühlen wir uns verlassen, ungeliebt und vergessen. Die innere Einsamkeit ist groß. Wir glauben uns abgeschnitten von der Welt, von der Liebe und Führung in uns. Vielleicht haben alte Erinnerungen, traumatische Erfahrungen, der Tod eines geliebten Menschen oder Krankheit uns in diese Situation gebracht und unsere Kraft, zu glauben und zu vertrauen, zutiefst erschüttert. Wir verurteilen uns und sind viel zu hart gegen uns selbst. Immer wieder laufen wir in den dunklen Zimmern unserer Seele auf und ab und fragen uns, warum das alles gerade uns passiert.

Der Hund zeigt sich in deinem Leben, um dich nach draußen ans Licht zu führen. Er eilt an deine Seite, um deinen Blick ein Stück zu weiten, deine Sinne zu schärfen, deine Wahrnehmung zu stärken und dich wieder zu verbinden mit deiner höheren, ewig strahlenden geistigen Natur. Der geistige Teil in uns ist unsterblich. Hier findest du alles, was für dich wichtig ist: Geborgenheit; Wärme; so sein dürfen, wie du bist; die untrügliche Spur zum richtigen Weg ...

Der Hund respektiert deinen freien Willen und lässt dich das Tempo vorgeben. Geduldig und voller Liebe wartet er, bis du von dir aus das Zeichen gibst, dass du so weit bist weiterzugehen. Er bringt dir die Anbindung an deine dich ewig liebende Führung und schenkt dir Mut und Kraft, deinen Weg zu gehen, dir zu vergeben und dir dabei selbst treu zu bleiben.

Affirmation

»Ich glaube und vertraue. Es hilft und heilt die göttliche Kraft. Ich sage Ja zu meinem Leben. Der nächste Schritt offenbart sich mir – jetzt!«

JAGUAR

DIMENSIONSSPRUNG

Bedeutung der Karte

Der Spiegel der Zeit öffnet sich dir. Deine Sternstunde kündigt sich an. Du erhältst einen tiefen Einblick in deine Existenz, mystisches Wissen wird dir zuteil. Verblüffende Erkenntnisse und Zusammenhänge werden dir plötzlich klar. Du erfährst, dass du ein göttliches Wesen im Werden bist, und du erkennst, dass die Unabhängigkeit von der äußeren Welt die wahre Freiheit ist.

Erklärung

Der Jaguar kündigt einen Dimensionssprung an. Er zeigt sich der Welt nur ganz selten, doch wenn er auftaucht, so ist das ein Zeichen für die Gunst der Stunde. Denn für alles gibt es eine Zeit. Nichts geschieht zufällig. Bestimmte Ereignisse können nur zu bestimmten Zeiten und unter bestimmten Umständen geschehen. Alles ist genau abgestimmt mit den geistigen Gesetzmäßigkeiten.

Mache dich bereit für den Sprung. Dein innerer Meister nimmt Gestalt an, um dich zur Einweihung zu führen. Lasse zu, dass die Geistesblitze der Unsterblichkeit dich aufladen, umzucken und elektrisieren. Schrecke nicht zurück, sondern öffne dein Herz, um das geistige ewig brennende Feuer zu empfangen, das deine zweite Natur erweckt.

Halte nicht fest, sondern entlasse dich frei in die unendlichen Weiten. Du kannst jetzt die inneren Fesseln sprengen – sie haben keine Macht mehr. Öffne dich der Geistigen Welt. Dein Meister wartet, um dich einzuweihen. Mit der inneren Freiheit wird sich die äußere Welt für immer verwandeln. Nichts wird bleiben, wie es ist. Die Schamanin/der Schamane, das Zweite Gesicht in dir erwacht.

Affirmation

»Ich bin zur richtigen Zeit am richtigen Ort und tue genau das Richtige. Ich bin bereit, zu meiner vollen Größe zu erwachen – jetzt!«

Kamel

Durchhaltevermögen

Bedeutung der Karte

Verleihe deiner Idee Ausdruck. Führe fort, was du begonnen hast. Bringe angefangene Projekte zu Ende. Gib dein Bestes. Du wirst getragen und sicher geführt. Durststrecken und extreme Situationen sind für dich kein Hindernis. Verliere dein Ziel nicht aus den Augen, dann wirst du großen Erfolg ernten. Der Sieg ist dir gewiss.

Erklärung

Das Kamel heißt dich vor dem Licht, das dich im Inneren erhellt, niederknien, damit du die göttliche Führung erkennst. Folge dem Ruf. Mit Durchhaltevermögen und wenigen Mitteln kannst du Großartiges erschaffen. Die wahren Schätze liegen in dir. Lasse dich nicht blenden von der Fata Morgana der äußeren Welt. Deine Aufgabe wurde dir gesandt, damit du sie durchführst und zu Ende bringst.

Wofür hat dich dein Leben geschult? Woher kommen unsere großartigen Impulse und Ideen, unsere Träume, unsere blitzartigen Eingebungen, unsere Aufträge und Aufgaben? Wir empfangen sie aus der Quelle allen Seins. Von dort empfängst du deine innere Führung, wirst angeleitet und geführt. Lasse dich tragen von der Quelle in dir. Sie hat mehr Kraft, als du denkst. In Einfachheit, Hingabe, Demut und im tiefen Vertrauen liegt eine große Kraft. Lasten und Bürden, die mit einem Projekt verbunden sind, können wir durch sie auf uns nehmen, akzeptieren und tragen. Sie ermöglicht uns, unseren Weg auch über längere Durststrecken bis zu Ende zu gehen. Am Ziel unserer langen Reise liegen die Belohnung, die Freude, der Erfolg und der Sieg darüber, dass wir diesen Weg gegangen sind.

Affirmation
»Ich folge meiner Bestimmung und bringe zu Ende, was ich begonnen habe. Die Kraft, die mich führt und leitet, liegt in mir. Möge diese Quelle mächtig sprudeln und mich mit allem, was ich brauche, versorgen – jetzt! Danke.«

Katze

Selbstbestimmung

Bedeutung der Karte

Selbstbestimmung ist der Weg zur Heilung. Unabhängig folgst du dem Weg deiner Bestimmung. Tue das, wonach du dich sehnst. Eine Botin der Sonne und des Mondes bringt dir die strahlende Kraft des Seins. Indem du dem folgst, was mit dir im Einklang ist, findest du deine Mitte und deinen Platz. Entspanne dich.

Erklärung

Oft hängt unser Selbstwertgefühl vom Verhalten anderer Menschen ab. Von ihnen erhoffen wir uns Anerkennung, Liebe, Aufmerksamkeit, Streicheleinheiten, seelische Nahrung und Lob. Wir haben Angst vor ihrer Ablehnung. Wer von uns möchte nicht geliebt, angesehen und gelobt werden?

Die Katze betritt dein Leben, um dich die Unabhängigkeit zu lehren. Frei nach dem Motto: Wenn du nicht mit jenen zusammen sein kannst, die du liebst, so liebe

die, mit denen du zusammen bist – z.B. dich selbst. Mache dich frei von der Meinung anderer. Sie haben nur so lange Macht über dich, wie du es zulässt. Liebe beginnt bei dir selbst. Erkenne dich selbst an, und nimm dich, so, wie du bist, in deine liebenden Arme. Gib dir einen Platz in deinem Herzen. Bei dir selbst bist du in guten Händen. Wenn nicht – dann wird es Zeit, dass dem so ist!
Kümmere dich eine Zeit lang um dich selbst, so wie du es für andere tun würdest. Höre dir zu. Mache es dir in deinem Leben gemütlich und bequem. Strecke dich wohlig aus, und fühle dich jederzeit geliebt. Umgib dich mit Dingen, die dir Kraft schenken. Triff dich mit Leuten, die dich schätzen, und lasse die Menschen in Frieden weiterziehen, die dir im Moment nicht guttun. Entspanne dich. So löst du die Muster der Abhängigkeiten und der negativen Erwartungen. Durch Selbstbestimmung und Unabhängigkeit schaffst du ein neues Resonanzfeld für glückliche Erfahrungen. Lasse dich dabei von Meisterin Katze anleiten.

Affirmation

»Ich bin ich. Frei und glücklich gestalte ich mein Leben und lasse alles los, was mir nicht mehr dient.«

KOBRA

SELBSTMEISTERUNG

Bedeutung der Karte

Der Königsweg liegt vor dir. Die Tore in die verborgenen Welten öffnen sich dir. Neue Kräfte werden frei. Deine heilerischen Fähigkeiten entfalten sich. Der Regenbogenfächer deiner Möglichkeiten offenbart sich dir. Ein großer kosmischer Schutzschild sorgt für deine Sicherheit.

Erklärung

Manchmal im Leben werden wir von Kräften getrieben, und es geschehen Dinge, die wir uns nicht erklären können. Immer wieder geraten wir in Situationen, die nicht dem tiefsten Sehnen unseres Herzens entsprechen. Wir werden verletzt oder verletzen, finden uns als Opfer, als Täter, als Retter ... wieder, in einer Rolle, in der wir uns nicht wohlfühlen.

Die Kobra kommt in dein Leben, um dich den Königsweg, den Pfad der Selbstmeisterung zu lehren. Er liegt in der Innenschau, in der Einsamkeit, in der Abgeschie-

denheit. Zeigt sich die Kobra, so ist es Zeit, immer wieder die Einweihungshöhle in unserem tiefsten Inneren aufzusuchen und der Schwingung unseres ureigenen Tons zu lauschen. Dort können wir unsere Seele aus ihrem Dämmerschlaf wecken und uns mit den Lehren der Meister und Meisterinnen vertraut machen. Auf diese Weise können wir die Bilder unserer Seele reflektieren und allmählich heilen. Im tiefsten Inneren unser selbst haben wir die Möglichkeit, zu wachsen, uns zu begegnen, die Schatten zu erlösen und damit ein neues Resonanzfeld zu erschaffen.
Du kannst zum Regisseur deines Lebens werden und das Bühnenstück, das du dir für dein Leben wünschst, selbst erschaffen. Die Kobra bietet dir einen mächtigen Schutzschild, unter dem du auch in den heißesten Zeiten deines Lebens sicher bist. Geführt von der Kobra, wirst du der verschiedenen Farben deiner Seele gewahr. Heilung geschieht. Der Meister/die Meisterin in dir erwacht.

Affirmation

»Alles, was in meinem Leben geschieht, ist zu meinem Besten. Ich erfahre tiefe Heilung – jetzt!«

Kojote

Närrische Weisheit

Bedeutung der Karte
Unvorhergesehene Ereignisse kündigen sich an. Faktoren, die du nicht berechnen und willentlich steuern kannst, wirken auf dein Leben ein. Die Karten werden neu gemischt. Nichts bleibt, wie es ist. Entspanne dich, lasse zu, was geschieht, und vertraue. Neues Spiel, neues Glück. Jeder Verlust kann ein großer Gewinn sein. Neue Chancen bieten sich dir.

Erklärung
Deine ureigene Kraft möchte sich entfalten, die Kraft deiner Seele. Dies geschieht jedoch nicht so, wie du es dir vorstellst und wünschst, sondern so, wie es richtig ist. Manche Kräfte können sich erst entfalten, wenn wir bereit sind, die Schatten in uns zuzulassen und zu erlösen. Doch vertraue, du wirst sicher geführt. Alles hat seine Richtigkeit.
Oft können wir das wahre Ausmaß einer Situation, in der wir uns befinden, nicht erkennen. Scheue Fehler

nicht, und zögere auch nicht, ab und zu etwas hinter dir zu lassen. Sei bereit, in den Spiegel deiner Seele zu schauen, ohne zu bewerten, zu unterdrücken oder auszublenden, was du siehst, und gehe in deinem Tempo weiter.
Der Kojote hilft dir, auf deine Intuition, auf die Stimme im Inneren zu hören, auch wenn du das Gefühl hast, erst einmal ein unerwünschtes Schattendasein zu führen und dich mit zugeworfenen Häppchen begnügen zu müssen. Das Glück, der Frieden und die Freiheit beginnen in deinem Inneren. Der Kojote erlöst dich aus den Fallstricken der Vergangenheit. Mit seiner Hilfe verabschieden sich alte Muster, die zu lieb gewonnenen Gewohnheiten geworden sind. Du wirst erfahren, wie schön es ist, frei zu sein, deiner Intuition zu folgen, durchatmen zu können, dich nicht mehr verbiegen zu müssen. In diesem Moment wirst du Gevatter Kojote aus tiefstem Herzen danken. Dein Leben wird dir neu geschenkt.

Affirmation
»Was immer auch geschieht, ich vertraue und weiß sicher, dass es meinem Wohl, meinem Besten dient.«

Kolibri

Herzfrequenz

Bedeutung der Karte

Die Boten von morgen kündigen sich an. Dein Herz wird geöffnet, die Herzschwingung erhöht. In deiner Seele geschieht Heilung. Du wandelst dein Inneres in einen Ort der Harmonie. Das Juwel in deinem Herzen beginnt zu leuchten und zu strahlen und schenkt dir neue beglückende Erfahrungen.

Erklärung

Dein Herz entwickelt seine spirituelle Leuchtkraft. Du befindest dich in einem Wandlungsprozess. Es ist jetzt unbedingt erforderlich, dir selbst und deinen Gefühlen gegenüber ehrlich zu sein. Lebe ein Nein, wo du ein Nein fühlst, sage Ja, wo dein Herz Ja sagt. Schaue einfach immer wieder bei jedem Schritt, wie sich der Weg für dich entwickelt. Den Hinweis auf den nächsten Schritt findest du stets in deinem Herzen.

Der Kolibri bringt dir die warme, charmante Art, die es dir ermöglicht, mit den Herausforderungen des Lebens auf einfache Weise fertig zu werden. Er zeigt dir, wie du spielerisch, aktiv, mit Freude und Leidenschaft deinen Weg gehen kannst.
Nimm dir immer wieder Zeit, auf dein Herz zu hören. Überdenke Entscheidungen, die du aus Pflicht- oder Schuldgefühl, aus Angst oder Scham usw. getroffen hast. Reflektiere am Abend den Tag, um dich für die Chancen, die dir der neue Tag bietet, zu öffnen. Verbinde dich mit der göttlichen Führung in deinem Inneren. Lasse dich von göttlichem Licht erfüllen. So schaffst du eine Brücke zwischen Verstand und Gefühl, zwischen Alltag und Spiritualität und den Sprung auf eine neue Erfahrungsebene. Das Licht, das neue Bewusstsein, will durch dich in die Welt geboren werden. Du bist so weit. Öffne dich.

Affirmation

»Ich öffne mein Herz. Die Liebe fließt, wohin immer sie fließen will.«

Kranich

Konzentration

Bedeutung der Karte

Hindernisse werden überwunden. Die Kraft der Seele kehrt zurück. Die Lebensenergie erneuert sich. Konzentriere dich am Weiher deiner Seele. Lasse die Vergangenheit ruhen. Sammle dich, konzentriere dich auf die Kraftquelle in dir. Eine neue Reise steht bevor. Du betrittst einen neuen Ring der Kraft.

Erklärung

Auf einem Bein stehend in völliger innerer Balance und Bewegungslosigkeit, schenkt dir der Kranich die Kraft der Konzentration und Meditation. In der Innenschau kannst du äußere Bewegungen anhalten und Kraft sowie Ruhe finden, die für den nächsten Schritt in deinem Leben notwendig sind. Ziehe die Emotionen aus deinen Handlungen, indem du heftige Gefühlsregungen, Ereignisse, negative Vorfälle ... einfach an dir vorüberziehen lässt wie Wolken am Himmel. Sie müssen gar nichts mit dir zu tun haben. Gib ihnen keine Energie.

Der Kranich schenkt dir durch die Konzentration auf dein inneres Gleichgewicht die notwendige Distanz zu den Ereignissen in deinem Leben. Du weißt um die Kräfte und Fähigkeiten, die in dir wohnen. Sie befähigen dich Tag und Nacht, zu fliegen, große Höhen zu erreichen, weite Strecken zurückzulegen, neues Wissen zu sammeln und eine neue Stufe der Bewusstheit zu erlangen. Wenn du dir selbst vertraust, dann weißt du, wann es Zeit ist, dich wieder zu erheben, um dich mit voller Kraft der nächsten Aufgabe zu widmen.
Der Kranich lehrt dich innere Ausrichtung und Balance. Hast du sie erlangt, so verlieren andere die Macht und Kontrolle über dich und dein Sein. Menschen, die dich lieben, können dich sein lassen, wie du bist. Sei nicht ungeduldig; du bist auf dem richtigen Weg. Glück, Erfolg und siegreiches Gelingen sind dir vorbestimmt.

Affirmation
»Ich finde mein inneres Gleichgewicht, alles kommt ins Lot – jetzt! Alles ist gut. Danke.«

Krebs

Läuterung, Hingabe

Bedeutung der Karte

Die dunkle machtvolle weibliche Seite des Mondes ruft dich. In den geheimnisvollen Schatten der Nacht, am Urgrund deines Seins findet Bewegung statt. Verlangsame deinen Schritt. Ziehe dich immer wieder tief in dich zurück. Hüte das Licht deiner Seele. Verbinde dich mit deiner ICH-BIN-Gegenwart. Achte auf deine Träume und Eingebungen. Veränderungen und Wachstum kündigen sich an.

Erklärung

Eine Verlangsamung findet statt. Die Bewegung geht nach innen. Wie eine Raupe im Kokon fragst du dich, ob du je das Licht dieser Welt erblicken wirst, ob du noch stirbst oder schon lebst und wie es weitergeht. Du befindest dich in einer Wandlungsphase kurz vor deiner Wiedergeburt. Es gibt nichts zu tun. Wenn du etwas tun willst, so wird es dich nur mehr Energie kosten als wirklich notwendig.

Das Alte kann in deinem Leben nicht mehr wirken, es ist vorbei. Akzeptiere das. Füge dich den geheimnisvollen machtvollen Strömungen, die dein Leben lenken. Gib dich hin, gib ab, löse auf, und lasse diese Läuterungsphase zu. Tue einfach das, was die augenblickliche Situation von dir erfordert. Weine, wenn du weinen musst. Lache, wenn dir zum Lachen zumute ist. Führe aus, was jetzt von dir verlangt wird, ohne selbst etwas zu wollen. Diene.

Was voll war, wird leer, was zugenommen hat, wird abnehmen, was aktiv war, wird passiv, wo Flut war, wird Ebbe sein. Diese Phase ist keine Strafe. Sie ist Teil eines natürlichen Entwicklungszyklus. Sei gut zu dir selbst. Nutze diese Phase, um Wohnraum, Körper, Geist und Seele zu reinigen und zu läutern. Es ist eine wertvolle Zeit. Du wirst unendlich geliebt.

Affirmation

»Ich gebe mich hin an die göttliche Quelle, der höchste Wille geschehe durch mich, so soll es sein. Ich vertraue, ich vertraue, ich vertraue. Alles ist gut.«

Krokodil

Transformation

Bedeutung der Karte

Urängste und Blockaden, die dich bisher davon abgehalten haben, zu lieben, zu vertrauen, anzunehmen, in der Fülle zu sein und aus ihr zu schöpfen, können jetzt ein für allemal überwunden werden. Tief sitzende Wunden finden Heilung. Deine Selbstheilungskraft wird aktiv. Die Gnade des Göttlichen ist mit dir. Deine Vorhaben werden fruchtbar sein.

Erklärung

Dein Stern ist am Himmel aufgegangen. Du bist bereit, den großen Sprung ins Ungewisse zu wagen. Unvermutet und aus der Tiefe deiner Seele lösen sich alte Schatten und drohen, dich zu verschlingen. Es ist jetzt so weit, du kannst die letzte Hürde nehmen und alte Ängste, karmische Lasten, Fesseln und Blockaden lösen.

Das Krokodil taucht aus dem Urgrund deines Seins auf und berührt dein Leben. Du hast nun alle Kraft, die

du brauchst, um diese Lebenssituation fabelhaft zu meistern. Bleibe ruhig. Sei aufmerksam. Beobachte die Lage, und lasse dich durch deine ICH-BIN-Gegenwart führen. Rufe die Kräfte des Lichtes.
Jammere und klage nicht, stütze dich nicht auf andere. Nimm deinen ganzen Mut zusammen, schau, was zu tun notwendig ist, und bleibe dabei dir selbst verbunden. Auf diese Weise wirst du sicher durch gefährliches Gewässer zu neuen Ufern gebracht, ohne zu verletzen und ohne verletzt zu werden. Verharre eine Zeit lang regungslos in der Totenstellung, gib dich hin, und lasse zu, dass alte Dinge gewandelt werden. Es dient deinem Besten.
Mit dem Krokodil als Krafttier bist du in der Lage, Menschen von karmischen Lasten zu erlösen, große Heilkräfte zu aktivieren, Energiefelder neu auszurichten und deinen Beitrag im Dienste der Menschheit mit großem Erfolg zu leisten.

Affirmation

»Ich bin frei, frei, ewig frei. Violettes Feuer lodere, lodere, lodere in, durch und um jedes Elektron, verwandle jede disharmonische Schwingung in Licht, bis es dem göttlichen Plan entspricht.«

Kuh

Fülle, Segen

Bedeutung der Karte

Großer Segen kündigt sich an, ja, eine regelrechte Segensflut erreicht dein Leben. Du hast es geschafft: Der Durchbruch ist da! Die Große Göttin wiegt dich in ihren Armen und versorgt dich mit allem, was du brauchst.

Erklärung

Du wirst aus der göttlichen Quelle gespeist und versorgt. Sie ist immer da, und du hast den Zugang dazu in dir gefunden. Beginne nun, die Verbindung zur ewigen Quelle zu stärken, indem du dir jeden Tag etwas Zeit nimmst, um nach innen zu gehen. Es gibt viele Wege. Wähle den Weg, der dir guttut.

Betritt eine Kuh dein Feld, so ist das ein Zeichen dafür, dass du den Anschluss an dein wunderbares, schöpferisches Potenzial findest. Sie führt dich auf die innere Weide. Hier kannst du dich ausruhen und das, was du bisher erlebt hast, gründlich verdauen, neue Kraft

schöpfen und den Segensstrom der Quelle fühlen, ihn stärken und fest in dir verankern.
Es ist Zeit, Geben und Nehmen in die vollendete Balance zu bringen. Nun gilt es, das, was du bereits erworben hast, zu ehren und zu bewahren und den Gewinn in deinem Leben zu erforschen. Was brauchst du für dein Wohlergehen? Was ist für dich Glück? Wie fühlt sich dieser Zustand für dich an? Genieße den Strom des Segens, und vergiss nicht, ihn zu teilen*. Du trägst die Fähigkeit in dir, andere zu nähren, zu inspirieren und Glück, Liebe, Licht und Freude zu verschenken.

Affirmation

»Ich danke aus tiefstem Herzen für die Fülle, den Reichtum, die Liebe und die Gesundheit in meinem Leben. Möge das Leben mich auf all meinen Wegen segnen. Möge der Segensstrom in, durch und um mich strahlen, funkeln und leuchten. Danke, danke, danke.«

---

* Eine buddhistische Regel empfiehlt, Geldsegen wie folgt aufzuteilen: ein Drittel zurücklegen, ein Drittel spenden, ein Drittel genießen!

LACHS

VERJÜNGUNG

Bedeutung der Karte

Du hast viele Erfahrungen im Weltenozean gesammelt und kehrst nun mit Wissen und Weisheit instinktsicher zurück zu deinem Ursprung. Deine Kräfte verjüngen und erneuern sich. Die vitale Lebensenergie nimmt zu. Neue Lichtsamen wollen in dir keimen und sich in der Welt manifestieren. Erfolg, Fruchtbarkeit und neue erfüllende Aufgaben kündigen sich an.

Erklärung

Der Lachs springt in dein Leben, um dich an den Plan zu erinnern, nach dem du angetreten bist. Er erweckt in dir deine außergewöhnlichen Gaben und lässt dich mit sicherer Intuition die Wende in deinem Leben herbeiführen.

Nimm deine Gefühle, deine Eingebungen und Intuitionen ernst, und verleihe ihnen Ausdruck. Lebe sie mit ganzer Stärke. Sie sind der Wegweiser nach Hause. Mag

es anderen auch unverständlich, außergewöhnlich, anstrengend und verrückt erscheinen, was du tust. Das ist nicht wichtig. Lasse dich nicht von deinem Weg abbringen. Folge dem Ruf in dir.
Großes konnte in der Welt entdeckt und vollbracht werden, weil Menschen den Mut hatten, ihren Träumen, Visionen und angeblichen »Spinnereien« nachzugehen. In deinem Inneren kennst du den Weg nach Hause. Wer dich liebt und achtet, mit dir in Freundschaft verbunden ist, wird dich unterstützen. Unwahres wird fortgespült.
Der Lachs fordert dich auf, auf deinem Weg gegen den Strom zu schwimmen, Hindernisse und Hürden zu überwinden, Einsamkeit und Missverständnisse zu ertragen, Ängste zu überwinden, Gefahren zu meistern und mutig den Weg bis zu der Quelle zu gehen. Dort angekommen, wirst du verjüngt und mit großer Vitalität viele Menschen aus der unzerstörbaren Quelle der Weisheit speisen. Das, was du mitzuteilen hast, wird mit offenen Herzen aufgenommen und großen Erfolg haben.

Affirmation

»Von Tag zu Tag zeigt sich mein Weg heller, leuchtender, strahlender, klarer und deutlicher. Dafür danke ich.«

LÖWE

AUTORITÄT

Bedeutung der Karte

Du bist voll und ganz anerkannt. Deine Meinung hat Gewicht, wird geschätzt und ist gefragt. Sage aus vollem Herzen Ja zu deiner Position. Du bist der Gebieter/die Gebieterin. Richte dich aus auf die strahlende goldene Sonne in dir. Handele einfach aus deiner Mitte. Souveränität, Autorität und Stabilität strahlen aus deinem Wesen. Weisheit fließt durch dich. Vertraue, alles ist jetzt zu deinem Besten.

Erklärung

Die Zeit der Suche ist vorbei. Unsicherheit und Zweifel in deinem Inneren fallen jetzt von dir ab. Eine neue Stabilität ist gewonnen. Die Sonne strahlt über dir. Es ist nicht mehr angesagt, sich zu verstecken, sich zu ducken und sich kleiner zu machen, als man ist. Du hast deinen Platz im Leben gefunden. Du bist jetzt in dieser Position, weil der Kosmos dir genau diesen Platz und diese Aufgabe zugedacht hat. Du hast mit Stärke,

Mut und Kraft bewiesen, dass du die Verantwortung für dich und andere übernehmen, Unternehmungen/ Projekte leiten und für deine Überzeugung einstehen kannst. Deine Meinung, deine Überzeugung sind wichtig und richtungweisend.
Der Löwe zeigt sich in deinem Leben, damit du deinen Platz mit Würde, Mut, Stärke, Gelassenheit und innerer Größe einnehmen kannst. Zeige dich jetzt der Welt. Sage aus ganzem Herzen Ja zu dir, zu deiner Aufgabe und zu deinem Platz an der Sonne. Richte dich immer wieder auf deine Mitte aus. Lasse dein Licht leuchten, und unterschätze nicht deine stark gewordene, dir innewohnende goldene Kraftquelle. Stärke und Autorität, das, was du dir wünschst und willst, strahlen klar und unmissverständlich mit Würde aus dir und lenken die Dinge in die von dir gewünschten Bahnen. Lasse geschehen.

Affirmation

»Ich sage Ja zu den Aufgaben in meinem Leben. Von Tag zu Tag spüre ich klarer, stärker und deutlicher die strahlende Kraft meiner Mitte.«

Luchs

Neues Bewusstsein

Bedeutung der Karte

Es ist Zeit, Bilanz zu ziehen und das Alte zu bereinigen – es kann jetzt endgültig überwunden werden. Es wartet Arbeit auf dich, Arbeit an dir selbst. Beziehe jedoch Schwierigkeiten nicht auf dich, sondern betrachte sie als Lehrstunde, die dir hilft, dich neu auszuloten und das Gleichgewicht in dir wiederherzustellen. Altes macht Platz für Neues. Der Luchs kündigt eine große Veränderung und Neuerung in deinem Leben an. Der nächste Schritt steht bevor.

Erklärung

Zeigt sich der Luchs, so wird es Zeit, dich auf dich selbst zu besinnen und mit dir ins Reine zu kommen. Dieser wundervolle Geistführer lotst dich zurück zu den Wurzeln deiner Kraft und deines geistig-seelischen Potenzials. Damit diese wieder frei fließen können, bedarf es einiger Aufräumarbeiten. Die Blockaden sind zu einem Teil selbst verursacht, zu einem anderen Teil entstanden

sie, weil sich bestimmte Entwicklungen verselbstständigt haben und manches dabei auf der Strecke geblieben ist.
Befreie dich von Altlasten, Schulden, Energieräubern und Dingen, die schon lange erledigt werden wollen. Konzentriere dich auf das, was dafür zu tun ist. Räume in deinem Leben auf. Entrümpele alles, was deinen Energiefluss blockiert, und besinne dich auf das, was dir Kraft gibt. Arbeite mit deinem Schatten, betrachte ihn, erkenne ihn, und wandele ihn in Licht. Es bringt dir jetzt nichts, vor dir selbst wegzulaufen oder die Außenwelt für deine Lage verantwortlich zu machen. Der Luchs schenkt dir Ausdauer, ein gutes Gespür und den richtigen Riecher für deinen weiteren Weg. Bleibe ruhig und gelassen, zügele deine Impulsivität, und bewahre dir das Vertrauen in deine innere Führung. Sie hat Großes mit dir vor. Du bist geschützt. Alles ist so, wie es ist, im großen Plan vorgesehen. Altes muss gehen, damit es Platz gibt für Neues.

Affirmation

»Ich ruhe in meiner Mitte und tue das, was jetzt zu tun ist.«

Maus

Gerechtigkeit

Bedeutung der Karte

Das, was du gesät hast, wirst du ernten. Größere Zusammenhänge und unerwartete Wege offenbaren sich dir. Neue Möglichkeiten und Verbindungen kündigen sich an. Das Rad des Schicksals beginnt eine neue Drehung. Gerechtigkeit und Ausgleich werden dir widerfahren. Alles wird ins rechte Maß gerückt.

Erklärung

Die Maus ist ein Bote deines Unterbewusstseins. Sie kennt Wege und Verbindungen, derer du noch nicht gewahr bist. Sie verkündet das Gesetz von Ursache und Wirkung. Alte Dinge werden sich auf neue Weise in deinem Leben melden. Dinge, die du ausgesandt hast, kehren jetzt zu dir zurück.

Die Maus fordert dich auf, aus deinem Versteck herauszutreten, dich deinen alten Ängsten und Befürchtungen zu stellen und die ewige Opferhaltung aufzugeben. Sie will, dass du dich folgenden Fragen

stellst: Welche Blockaden und Muster, welche unbewussten Zugriffe gibt es noch in deinem bzw. auf dein Energiefeld? Wo fühlst du dich noch klein, grau und hilflos? Was nagt noch in dir? Wovor rennst du immer wieder weg? Wo ernährst du dich noch von der Energie anderer? Welcher Seelenteil möchte jetzt zu dir zurückkehren? Welcher Bereich in deinem Leben möchte beachtet werden?
Zeigt sich dir die Maus, so bekommst du eine neue Chance, dir die Umstände in deinem Leben anzuschauen, Verstrickungen zu lösen und dich neu zu binden. Übernimm die Verantwortung für dein Leben. Die Maus ist ein fleißiger guter Geist, der dir hilft, das Gleichgewicht in deinem Leben herzustellen. Mit ihr an deiner Seite kannst du die Kraftquelle deines Unterbewusstseins dazu nutzen, dein Leben zu verändern.

Affirmation

»Das Gute wird immer siegen. Ich ziehe Erfolg und Glück in mein Leben und bin bereit, mich zu meiner vollen Größe aufzurichten – jetzt!«

OTTER

ORIGINALITÄT

Bedeutung der Karte

Das Leben ist ein Spiel. Du hast viele Möglichkeiten, dich auszudrücken. Probiere Neues aus, und erfahre dich neu. Visionen werden jetzt deutlich und wollen durch dich in die Welt kommen. Vertraue deiner Intuition, folge deinen Eingebungen, und achte auf deine Träume. Dein schöpferisches Potenzial will sich voll und ganz entfalten. Der Energiefluss setzt ein. Du bist gesegnet.

Erklärung

Neue Wege zeigen sich auf. Du willst dich neu erfahren, Neues ausprobieren, deine Fähigkeiten und dein Potenzial entdecken und verwirklichen. Dann kommt der Otter gerade richtig. Er lehrt dich, abzutauchen in deine Tiefen, nach deinen Visionen zu fischen und sie in die Welt zu bringen. Allerdings nicht mit Verbissenheit und unter Zwang, sondern mit Leichtigkeit und Liebe zu Leben und Spiel.

Der Otter will selbst erfahren und herausfinden, sich unabhängig und frei bewegen. Lasse dich von ihm führen. Sei erfinderisch, probiere aus, und störe dich nicht an dem, was andere sagen und denken. Bleibe einfach mit dir selbst verbunden. Wenn du es dir gutgehen lässt, wenn du frei und in der Liebe bleibst, so hältst du automatisch ein hohes Niveau in dem Energiefluss, der dich trägt. Er hilft dir in deinem Schöpfungsprozess und fordert dich immer wieder auf, tief in den klaren See deiner Seele zu tauchen und die Bilder, die du dort findest, mitzubringen. Sie kommen nicht von ungefähr.

Der Otter zeigt dir, wie gut es tut, deinen Gefühlen zu folgen. Sprich aus, was dir gerade in den Sinn kommt; folge dem, was dir einfällt. Auf diese Weise beginnst du, dich zu wandeln. Stück für Stück gehst du in ein neues Glück. Neue Fähigkeiten erwachen in der Tiefe deines Seins. Achte besonders auf deine Träume. Alles ist bereits in dir. Vertraue.

Affirmation

»Ich bin frei, frei, ewig frei. Alles, was auf meinem Weg liegt, dient meinem Wohl. Ich sage mit Freude Ja zum Leben und schöpfe aus der Tiefe meines Seins.«

Panther/ Leopard

Perfektion

Bedeutung der Karte

Du bist auserwählt. Der Meister in dir führt dich. Der Zen-Weg der leeren Hand ist der deine. Vollkommenes Vertrauen in den Augenblick verleiht dir Macht und Stärke sowie die augenblickliche kraftvolle, perfekte Fähigkeit, zielsicher zu handeln. Sei empfänglich, und mache dich bereit. Wage den Sprung ins Unbekannte. Alles ist möglich.

Erklärung

Lasse die Kontrolle ziehen, und sei des Augenblicks gewahr. Du findest hier und heute alles, was du jetzt brauchst. Erweitere dein Blickfeld, und beobachte alles aufmerksam, was sich darin bewegt. Erwarte nichts, sondern nimm eine empfängliche, entspannte Haltung ein, nachdem du deine Bereitschaft, deinen Weg zu gehen, bekräftigt hast.

Der Panther, ein mächtiges Schutz- und Schamanenwesen, ist jetzt dein Führer. Du hast den Meister in

dir gefunden. Im Hintergrund wirst du sicher geführt, auch wenn das Leben dir manchmal einen Spiegel vorhält, der dir etwas anderes zeigt. Doch lasse dich davon nicht ablenken. Mit dem Panther an deiner Seite bist du deiner selbst sicher.
Schweige, wo Worte überflüssig sind. Halte dein Energieniveau konstant, warte entspannt ab, sei wach und empfänglich für die nächste Eingebung. Lasse dich von deinem sicheren Instinkt führen. Er zieht die Erfahrungen, die Menschen, die Informationen, die für deinen weiteren Weg entscheidend sind, in dein Leben. Es gibt nichts zu tun, außer dein Energiefeld auf Empfänglichkeit einzustellen, deine Absicht zu bekunden, dich innerlich leer zu machen, und dein Blickfeld zu erweitern. Unterstützend sind hierbei Techniken, die dich in eine entspannte, meditative und dennoch wache Haltung führen. Dem Meister der leeren Hand ist alles möglich. Alles ist perfekt, so, wie es gerade ist. Deine Kraft baut sich auf.

Affirmation

»Ich öffne mich in der Stille dem Augenblick zwischen dem Einatmen und dem Ausatmen, Aus diesem Moment entfalten sich neue Möglichkeiten.«

PEGASUS

VERBINDUNG MIT DER QUELLE

Bedeutung der Karte

Eine höhere Kraft hat sich deiner angenommen. Du bist damit in der Lage, all deine Aufgaben mit Leichtigkeit zu meistern. Der Pegasus bringt die direkte Verbindung mit der Quelle des Seins. Von dort fließen Weisheit und künstlerische Inspiration in dich ein. Der Durchbruch steht bevor. Öffne dich, und vertraue der machtvollen Wende, die sich in deinem Leben ankündigt.

Erklärung

Der Pegasus, ein Bote der oberen Welten und der strahlenden Lichtstätten, hat sich deiner angenommen. Auch wenn du vielleicht noch kein konkretes Ergebnis erkennen kannst und noch einige Aufgaben zu bewältigen sind, so kündigt der Pegasus doch Großes an. Bewahre absolutes Vertrauen zu deiner inneren Führung, und sei bereit, ihr bedingungslos zu folgen, selbst wenn du alles, was dir lieb ist, für einige Zeit hinter dir lassen musst.

Die düstere Phase, während der du in einer versteckten Höhle in deinem Inneren verharrtest, ist vorbei. Das Tageslicht der strahlenden Sonne scheint segensvoll auf dich hernieder. Erledige deine Aufgaben und das, was es noch zu tun gibt, mit großer Freude, und bleibe auch in Phasen der Dunkelheit in froher siegreicher Hoffnung.
Sei demütig, und versuche nicht, dich über deine innere Führung zu stellen. Loslassen, Vertrauen und Hingabe sind jetzt angesagt. Akzeptiere die Situationen in deinem Leben, so, wie sie sind, und führe das aus, was von dir verlangt wird. Vertraue auf deinen Weg, und freue dich, wenn deine segensvolle Führung dich trägt und durch dich wirkt. Sei dankbar, auch wenn sie dich wieder verlässt. Das, was du durch sie schaffst und geschaffen hast, wird großen Segen bringen.

Affirmation

»Nicht mein Wille, sondern dein Wille (der Wille des Göttlichen) geschehe durch mich. Die Quelle inspiriert und führt mich. Ich lasse los und vertraue aus der Tiefe meines Herzens. Danke.«

PFERD

FREIHEIT, BEWEGLICHKEIT

Bedeutung der Karte

Ist der Schüler bereit, tritt der Lehrer auf den Plan. Eine Phase des Wachstums, der Selbstheilung und des Lernens kündigt sich an. Habe Vertrauen in deinen eigenen Weg. Dein innerer Lehrer führt dich sicher durch die Lektionen des Lebens in einen weiteren Ring deiner Kraft. Mache dich bereit für die Reise der Selbstentdeckung.

Erklärung

Das Pferd verkündet die Ankunft des inneren Lehrers, der dich sicher führt und einige Lektionen für dich bereithält. Du stehst an einem Scheideweg in deinem Leben. Alles ist im Umbruch. Diesen Weg kannst du nicht mit anderen gehen. Er ist dein ganz persönlicher innerer Pfad des Wachstums, der Selbstheilung und des inneren Erwachens.

Das Pferd lehrt dich, ganz im Hier und Jetzt zu sein, deine Energie auszurichten, dich führen zu lassen. Nur

wenn du im Einklang mit dir selbst bist, wird die Energie, die du aussendest, in die richtige Richtung gehen. Du bist der Lenker am Steuer deines Lebens und wirst jetzt ausgebildet, dein Gefährt sicher zu lenken und mit den verschiedenen Zuständen, die auf dich zukommen können, vorausschauend umzugehen. Nur wer sein Leben im Griff hat, ist auch in der Lage, andere zu führen und auszubilden.
Es kommt Bewegung in dein Leben, neue Situationen und neue Aufgaben stellen sich ein, die dich wachsen und reifen lassen. Du bist jetzt so weit. Stelle dich diesen Herausforderungen. Alle Fähigkeiten und Kräfte, sie gut zu meistern, sind in dir. Fehlschläge und Hindernisse können dich nicht aufhalten. Lerne daraus und mache in deinem eigenen Tempo weiter. Ausdauer und Umsicht sind erforderlich. Habe Vertrauen in deinen eigenen Weg. Du wirst gut und sicher geführt und bist dabei, deiner Lebensbestimmung zu folgen.

Affirmation

»Ich vertraue fest der göttlichen Führung. Alles dient meinem Wohl. Ich folge meiner Bestimmung.«

PHÖNIX

AUFERSTEHUNG, WANDLUNG

Bedeutung der Karte

Am Ende des Tunnels ist Licht. Ein alter Zyklus ist abgeschlossen. Du hast dich von den fesselnden Umständen und überkommenen Gewohnheiten befreit, die dich einschränkten. Sie sind im transformierenden Feuer deines Herzens verbrannt. Du erhebst dich aus der Asche, um den neuen Tag zu begrüßen – frei, verjüngt, unbeschwert. Lache und sei von Herzen fröhlich, denn das Licht des lebendigen Geistes ist in dir wiedergeboren.

Erklärung

Alles hat seine Zeit. Wenn der leuchtende Phönix erscheint, stehst du am Wendepunkt deines Lebens. Eine Phase, ein Zyklus ist zu Ende gegangen oder nähert sich seinem Ende. Alles, was nicht in Wahrheit, Liebe und Frieden zu dir gehört, fällt jetzt von dir ab. Das kann erst einmal wehtun, doch letztlich wird es dich frei machen. Lasse jetzt los, und gib dich dem transformierenden

Feuer hin, in dem alles Alte verbrannt werden kann und in geistige Essenz gewandelt wird.
Der Phönix ist ein besonderer Vogel. Er kündigt große Hilfe aus den geistigen Reichen an. Ist er bei dir, so weißt du, dass die Engel dich segnen und die guten Kräfte mit dir sind. Der Phönix bringt zudem altüberliefertes magisches Wissen zurück. Mit seinen Tränen heilt er alte Wunden, erweckt die Lebensgeister neu und wendet alles zum Guten. Er lehrt dich, deine Kräfte und positiven Eigenschaften verstärkt einzusetzen, und fordert dich auf, weiterzugehen und die Dinge auf deinem Weg zu wandeln.
Schaue nach vorn und auf den nächsten Schritt, der jetzt für deine Entwicklung ansteht. Besinne dich auf deine geistige Führung und die Quelle in dir. Hier findest du alles, was du brauchst. Öffne dich mit staunenden Augen dem neuen Tag, der vor dir liegt. Neue Wunder kündigen sich an. Der Aufbruch in einen neuen Zyklus steht bevor. Mache dich bereit.

Affirmation

»Vital, glücklich und leicht lasse ich mein inneres Licht in die Welt strahlen und dort leuchten. In den kleinen und großen Dingen erkenne ich das helle, funkelnde Licht der Schöpfung.«

RABENVOGEL

MAGIE

Bedeutung der Karte

Ein vor langer Zeit entsandter Ruf deiner Seele erreicht dich. Etwas in dir will gehört werden. Lausche den Botschaften und Zeichen. Du bist aufgerufen, zu wachsen und mutig weiterzugehen. Eine Einweihung steht dir bevor. Veränderungen kündigen sich an. Bewerte die Ereignisse nicht mit »gut« und »böse«, sondern nimm hin, was auch immer das Leben dir bringen mag. Es wird dich wachrütteln.

Erklärung

Der Ruf deiner Seele nach Veränderung wurde erhört. Halte inne, und lausche ihrer Botschaft. Schärfe deine Sinne. Spitze deine Ohren. Bitte um Zeichen und um Führung.

Was begleitet dich schon sehr lange? Welche Muster kehren immer wieder und halten dich davon ab, deine Pläne, Träume und Visionen zu verwirklichen? Was ist das für ein alter Bann, der dein Licht nicht frei

strahlen lässt? Welche Fesseln binden deine Handlungsfähigkeit? Mit welchem Bereich in deinem Leben bist du nicht im Einklang? Was gilt es noch zu Ende zu bringen?
Der Rabe, die Krähe, die Elster oder ein anderer Rabenvogel kommt in dein Leben, um dir dabei behilflich zu sein, die Schatten in dir zu erlösen, verlorene Seelenteile zurückzuholen, dich zu führen und dir Kraft und Stärke zu verleihen. Als Orakeltier nimmt er hin, was kommt. Er versucht, es nicht zu beschönigen, auch nicht zu verschleiern, sondern alles so zu nehmen, wie es eben ist. Hingabe an das Schicksal, Kapitulation und Beachtung der Zeichen können den Weg zu neuen Erkenntnissen und zur Lösung der Fesseln weisen. Setze die Segel mit dem Wind, und hilf dir selbst. Dir wird jetzt alles gesandt, was du brauchst, um die alten Fesseln zu sprengen und in deinem Leben glücklich zu sein.

Affirmation

»Alles, was in meinem Leben geschieht, dient meinem Wohl.«

Ratte

Charisma

Bedeutung der Karte

Eine Zeit des Aufbruchs und des Neuanfangs steht bevor. Ergreife die Initiative, und gehe auch einmal ein Wagnis ein. Die Zeit ist günstig, deine Pläne und Vorhaben in die Tat umzusetzen. Du kannst jetzt deine Angelegenheiten überzeugend vertreten. Unerwartete Gewinne kündigen sich an. Dein Instinkt führt dich sicher.

Erklärung

Als Botin des Glückes betritt die Ratte dein Leben. Du hast in der Vergangenheit viel ertragen müssen. Dein Schicksal hat dich an so manche gefährliche Grenze gebracht. Doch was dich nicht getötet hat, hat dich gestärkt und dich reifen lassen. Das Überlebenstraining ist nun vorbei. Du weißt, was du kannst und was in dir steckt. Du weißt auch, was du aushalten kannst und dass du dich auf dich selbst verlassen kannst. Das ist gut so. Mit deinem untrüglichen Instinkt hast du deinen Weg gefunden.

Vergegenwärtige dir, was du bisher für dich erreicht hast. Erkenne an, was in dir steckt. Du hast die Kraft und den Schatz in deinem Inneren entdeckt. Er möchte in die Welt getragen werden. Setze dich jetzt ein für deine Sache. Du kannst sie überzeugend vortragen. Man schenkt dir Vertrauen. Projekte werden gelingen. Du bist geschützt und wirst auf deinem Weg geführt.

Affirmation

»Mit Glanz und Glorie gehe ich meinen Weg. Der göttliche Plan verwirklicht sich durch mich. Ich werde gestärkt und siegreich weitergehen, nichts kann mich daran hindern.«

Robbe

Selbstvertrauen, Erlösung

Bedeutung der Karte

Öffne dich der Tiefe deiner Gefühlswelt. Deine weibliche, zarte, liebende, tief mitfühlende Seite möchte beachtet werden. Enttäuschungen, Verrat, Vertrauensbrüche der Vergangenheit suchen Heilung. Dein Selbst will sich entfesseln und befreien. Nimm dir Zeit für dich selbst, beachte deine ureigenen Bedürfnisse, und gehe ihnen nach.

Erklärung

Fällt es dir manchmal schwer, mit einem Lächeln im Gesicht den Anforderungen der Außenwelt gerecht zu werden? Fehlt dir nicht tief in dir etwas, obwohl du äußerlich vielleicht wohl versorgt und auch mit Glück gesegnet bist? Ist da nicht eine Traurigkeit, eine Schwere, die dich in deinem stillen Kämmerlein überkommt und die du dir nicht erklären kannst? Du bist für viele da und hörst zu. Doch hörst du auch auf die Stimme deiner Seele?

Die Robbe erscheint, weil deine weiblich, intuitive Seite in dir beachtet werden möchte. Alte Enttäuschungen, die dein Vertrauen in die Welt zutiefst erschüttert haben, möchten Heilung finden. Die Robbe fordert dich auf, zu dir zu kommen, dich mit deiner Gefühlswelt zu beschäftigen und durch Innenschau, Meditation, Beachtung deiner Träume und Selbstreflexion die alten Vertrauensbrüche, den Verrat an deiner Seele, zu heilen. Höre deiner zarten, verletzlichen, liebenden Seite, der Göttin in dir, aufmerksam zu, und befolge ihre Anweisungen.
Die göttliche Allgegenwart lebt unverwundbar, ewig in deinem Inneren. Vertraue auf diese Kraft, die dich unfehlbar führt und nur deinem Besten dient. Das Göttliche, jene allumfassende Einheit aus weiblich und männlich, ist nicht gegen dich. Es liebt dich unendlich und wünscht sich nichts sehnlicher, als dass du heimkehrst in die ewige Liebe, Wahrheit und Freude. Durch die Anbindung an diese Quelle, an das Licht in dir, werden Selbstvertrauen und Kraft zurückkehren.

Affirmation

»Ich vertraue und glaube. Es hilft und heilt die göttliche Kraft. Die Quelle in mir beginnt zu sprudeln und zu fließen.«

SALAMANDER

FEUERKRAFT

Bedeutung der Karte

Entfache das geistige Feuer deines Herzens. Lasse zu, dass es dich frei macht. Auf diese Weise verbrennt das Alte, und das Neue bekommt Platz zum Atmen. Aus der Ewigkeit strahlt das Licht, das nicht verlischt und von dem du ein Teil bist. Es inspiriert dich bei all deinen Vorhaben. Lasse dein Licht in der Welt leuchten.

Erklärung

In deinem Herzen leuchtet der göttliche Funke, die inspirierende, anregende Kraft der Schöpfung. Das Feuer in dir ist allzeit da. Es ist deine geistige unzerstörbare Natur. Mit dem Salamander an deiner Seite solltest du dich mit dieser Elementarkraft beschäftigen. Das Feuer in deinem Herzen wird sich niemals gegen dich wenden. Der Salamander fordert dich auf, zum Mitschöpfer deines Lebens zu werden.

Der Salamander als Wesen der Feuerkraft erinnert dich an den strahlenden ewigen Funken in dir, jene Kraft,

die dir allzeit zur Verfügung steht. Wenn du mit ihr verbunden bist, so wirst du spüren, wie sie dir hilft, dich zu regenerieren, zu erneuern und Inspiration zu finden. Lasse zu, dass Ansammlungen vergangener Erfahrungen, die dir jetzt nicht mehr dienen, verbrennen und sich auflösen in dem Feuer deines Herzens. Loslassen, Vergeben und Verzeihen sind die befreienden Herzensflammen, die dein Leid beenden. Damit gibst du ab und schaffst Platz für Neues. Es ist wichtig, immer wieder Altes loszulassen, um unbeschwert weitergehen zu können.
Wenn du magst, schreibe alles, was du loslassen möchtest, auf einen Zettel. Damit erklärst du deine Bereitschaft, es wirklich gehen zu lassen. Bitte deine geistigen Helfer um Beistand bei der Auflösung. Verbrenne diesen Zettel im Feuer (Kamin, Lagerfeuer, Feuerschale etc.). Da du loslassen kannst, wird Energie frei. Diese kannst du dazu nutzen, dich selbst zu heilen.

Affirmation

»Violettes Feuer, lodere, lodere, lodere in, durch und um jedes Elektron. Verwandle jede disharmonische Schwingung in Licht, bis es dem vollkommenen Plan entspricht.«

Schaf/ Widder

Traumverwirklichung

Bedeutung der Karte

Deine innere Vision, von der du schon lange eine Ahnung hast, möchte aktiviert und in die Tat umgesetzt werden. In der Verbindung von Innenschau und aktivem Handeln liegt die Kraft, mit der du Träume wahr werden lassen kannst. Hindernisse können dich nicht aufhalten, wenn du das Bild deiner Vision aufrechterhältst.

Erklärung

In der Verbindung von Widder und Schaf liegt die perfekte Formel zur Verwirklichung deiner Träume. Das Schaf, das eine sanfte, liebevolle, gebende Energie verkörpert, bringt dir den Traum, die Vision vom Leben und die innere Anbindung an dein schöpferisches Potenzial. Den Widder wiederum können Hindernisse nicht wirklich aufhalten. Er gibt dir die notwendigen Impulse und den Mut, deinem ureigenen Weg zu folgen und Schritte zu wagen, Herausforderungen anzu-

nehmen und deine Träume und Visionen durch Taten wahr werden zu lassen. Du bist einzigartig, und in dir finden sich verschiedene Talente und Interessen. Dadurch hast du eine ganz besondere Qualität, die du der Welt schenken kannst.
Erinnere dich: Wovon hast du immer geträumt? Was wolltest du schon immer machen? Lasse deine »Spinnereien« und Fantasien zu. Übe dich darin, deine Vision zu finden, sie zu fixieren (z. B. indem du sie aufschreibst, malst, eine Collage bastelst etc.), zu halten und zu intensivieren. Der Widder bringt dir die Kraft der Umsetzung. Worauf wartest du noch? Was hält dich davon ab, deine Vision, deinen Lebenstraum zu leben? Was ist notwendig, damit du sie jetzt umsetzen kannst? Jeder Weg beginnt mit dem ersten Schritt. Zufriedenheit und Glück stellen sich ein, wenn wir unsere Visionen in die Tat umsetzen und Hindernisse überwinden.

Affirmation

»Ich schenke meinen Träumen und Visionen volles Vertrauen und folge meinem ureigenen Weg. Ich schreite mutig voran, um meinen Traum vom Leben zu verwirklichen. Ich werde allzeit geführt.«

Schildkröte

Meditation, Rückzug

Bedeutung der Karte

Du hast dich auf deinen Weg gemacht und bist nach deinem Plan angetreten. Du bist geschützt von einem Schild, und die Kraft der Gemächlichkeit begleitet dich. Sei dir selbst eine Insel. Besinne dich immer wieder auf dich. Lasse dir Zeit für die Entscheidungen, die du zu treffen hast. Wenn du weißt, was du willst, folge beständig deinem Weg.

Erklärung

Viele Versuchungen liegen auf unserem Weg. Oft sind wir hin- und hergerissen: Soll ich dies tun oder jenes? Kaum meinen wir, eine Antwort gefunden zu haben, so taucht jemand auf und bringt einen noch besseren Vorschlag. Ständige Unsicherheit und innerliche Zerrissenheit sind unsere Gefährten.

Die Schildkröte taucht im Ozean deines Lebens auf, damit du dir selbst eine Insel, ein Hort, eine Heimat sein kannst. Dein Standort ist in dir. Sei dir selbst ein

innerer Ort des Rückzugs, der Zuflucht, an dem du Antworten finden kannst, die sich für dich gut und nach Geborgenheit anfühlen.
Gevatterin Schildkröte erinnert dich daran, dass dem Leben ein Rhythmus zugrunde liegt, dem alle Wesen folgen. Einatmen, ausatmen, Tag, Nacht, Ebbe, Flut, wachen, schlafen. Gehe ein paar Schritte langsamer, damit kommst du auf deinem Weg letztlich schneller voran. Wenn dich etwas in deinem Leben fordert, so ziehe dich zurück, lasse dir Zeit, bis du dir in deiner Entscheidung sicher bist. Du musst nicht immer sofort reagieren, du kannst auch am nächsten Tag eine Antwort geben. Das, was sein soll, wird bleiben, das, was nicht zu dir gehört, kann gehen. Vieles offenbart sein wahres Gesicht, seine tiefere Absicht in der Ruhe und mit der Zeit. Die Schildkröte bringt dir Vertrauen, das innere Gleichgewicht und das rechte Maß.

Affirmation

»Die Antwort liegt in mir. Ich bin geschützt, versorgt und geborgen. In der Ruhe liegt die Kraft.«

SCHLANGE

WEIBLICHE LEBENSENERGIE

Bedeutung der Karte

Achte auf die Botschaften deines Körpers. Lerne deine Kräfte und deinen persönlichen Rhythmus kennen und leiten. Es geht dir jetzt darum, deine persönliche Kraft und Macht aufzubauen und deine Energie auf einer bestimmten Stufe zu halten, damit der Energiefluss einsetzen kann. Du erfährst eine neue Entwicklung in dir.

Erklärung

Wie leitest du deine Lebenskräfte? Wie steht es um dein Energieniveau? Baust du deine Kraft auf, oder ziehst du dich oft runter? Die Schlange ist jetzt deine Lehrmeisterin. Sie lehrt dich, auf deine Kräfte zu achten, mit ihnen hauszuhalten und sie bewusst einzusetzen.

Gift oder Heilung, das ist bei ihr die Frage. Sie fordert dich auf, dich mit deiner Lebenskraft zu beschäftigen. Achte mehr auf die Weisheit deines Körpers. Er spricht mit dir und nutzt dazu Schmerz, Druck, Verkrampfung, Müdigkeit, Kurzatmigkeit, aber auch Ausdehnung, Leichtigkeit, Freude, Entspannung. Jede Botschaft, jeder Gedanke, jedes Gefühl, jede Handlung, jedes Nahrungsmittel, jedes Getränk, jedes Wort löst eine Reaktion in deinem Körper aus. Achte darauf, wie dein Körper sich dazu verhält. Zieht er sich zusammen, dehnt er sich aus? Freut er sich, oder ist ihm eher nach Weinen zumute? Fühlt er sich wohl? Gehe deinen Bauch- und Körpergefühlen nach. Finde heraus, was dir guttut, dir Kraft gibt und dir Freude bereitet. Dies sind die Ladestationen, an denen du dich an die Quelle der Kraft anschließen kannst.

Die Schlange hilft dir, dich in dir auszurichten und die Botschaft im Inneren mit den Botschaften der Außenwelt zu verbinden. Je besser es dir gelingt, dein eigenes Instrument zu stimmen, desto klarer, kraftvoller und reiner wird der Ton, den du in die Welt sendest. Du lernst, deine Energie zu lenken und zu leiten.

Affirmation

»Mein Körper sendet mir klare Botschaften und Signale. Ich achte auf sie. Ich lenke und leite meine Energie zu meinem Wohle und zum Wohle aller Beteiligten.«

SCHMETTER-LING

METAMORPHOSE

Bedeutung der Karte

Eine notwendige Wandlung steht bevor. Du erfährst jetzt Entwicklung in allen Bereichen deines Seins. Die Veränderung wird glücklich verlaufen, sie wird dir Harmonie, Ausgleich und eine neue Stabilität bringen, sie wird dich bereichern, deinen Horizont erweitern und dich innerlich wachsen lassen. Gib dich dieser Wandlung vertrauensvoll hin.

Erklärung

In deinen gewohnten Bahnen findest du kein Gleichgewicht und keinen Halt mehr. Du spürst, dass sich etwas verändern muss, weil sich etwas Grundlegendes in dir gewandelt hat. Dinge, die dir früher Kraft gegeben haben, erschöpfen dich; Menschen, mit denen zusammen du gern Zeit verbracht hast, laugen dich aus. Du bist aus deinen alten Schuhen herausgewachsen und wunderst dich jetzt, warum sie drücken. Dies sind

Zeichen dafür, dass eine große Wandlung bevorsteht oder du schon mittendrin bist. Ziehe dich zurück, und gib dich dem Wandel hin. Er findet erst in deinem Inneren statt, bevor er sich äußerlich zeigt.
Der Schmetterling zeigt dir, dass deine Wandlung in segensreichen Bahnen verlaufen wird. Altes kannst du jetzt hinter dir lassen. Neue Kräfte und Fähigkeiten werden erworben und kommen zum Einsatz. Leichtigkeit, Beweglichkeit und eine fröhliche Unbeschwertheit erwarten dich am Ende deiner Wandlungsphase. Alles wird klarer, stimmiger und ist mehr im Einklang mit der Kraft und dem Plan deiner Seele. Mit diesem Wissen kannst du dich diesem Prozess vertrauensvoll hingeben. Altes muss weichen, damit Neues sich entfalten kann.

Affirmation

»Ich folge dem Weg meiner Bestimmung und fühle, wie es mir von Tag zu Tag immer besser geht, wie es mir wohler und alles leichter wird.«

SCHWAN

ANMUT, SCHÖNHEIT

Bedeutung der Karte

Die Muse hat dich geküsst. Deine wahren Fähigkeiten entfalten sich. Die Zeit der Plackerei ist vorbei. Eine neue Hoffnung lebt in dir. Lasse deine Talente sich entfalten, und genieße die künstlerische Freiheit, die dir geschenkt wurde. Himmel und Erde verbinden sich. Du kannst deine Visionen verwirklichen.

Erklärung

Du hast in den Spiegel deiner Seele geblickt und neben den verborgenen Schatten und Ängsten auch deine Talente, deine Fähigkeiten und deine Schönheit entdeckt. Die alten Muster voller Selbstzweifel sind zerborsten. Eine Phase der Reinigung steht bevor, in der du Trauer und Schmerz überwinden kannst. Du bist bereit, zu dir Ja zu sagen und den Weg zu gehen, der dir bestimmt ist. Du hast eine besondere Art, die Schönheit der Schöpfung auszudrücken. Offenbare sie jetzt der Welt, und lebe diese Schönheit auf deine Weise.

Der Schwan spiegelt dir unverhüllt die strahlende, leuchtende reine Kraft deiner Seele wider. Dein Sein ist Freude, Schönheit und Tanz. Da du den Spiegel der Visionen entdeckt hast, kannst du tief in die Seele anderer Menschen blicken und ihnen Freude bereiten durch die Künste, die jedes Leben bezaubern und bereichern. Tritt aus dem Schatten, lebe deine Talente, erfreue dich und andere damit, bringe deine Visionen und Botschaften durch deinen liebenden Ausdruck in die Welt. Das Leben ist auch Tanz, Gesang, Theater, Geschichten, Kunst, Farbe, Klang, Ausdruck. Lasse Träume und Visionen Wirklichkeit werden, und fühle den Zauber des Lebens, der durch dich wirkt. Der Schwan fordert dich auf, die Schönheit des Lebens zu erkennen und sie auf deine einzigartige Art und Weise auszudrücken.

Affirmation
»Ich bin für immer glücklich, nichts kann mich daran hindern. Ich gehe, und Schönheit ist vor mir. Ich gehe, und Schönheit ist hinter mir. Ich gehe, und Schönheit umgibt mein ganzes Sein.«

SCHWEIN

GLÜCK

Bedeutung der Karte

Glück kommt in dein Leben. In Partnerschaften und Beziehungen findest du Erfüllung, Frieden und Zufriedenheit. Die Erde versorgt dich mit allem, was du brauchst, du bist versorgt. Große und kleine Geschenke liegen auf deinem Weg. Du kannst Dinge erfolgreich zu Ende bringen.

Erklärung

Das Glück taucht an deiner Seite auf. Du findest es in den großen und kleinen Dingen, die dich in deinem Leben begleiten. Richte deine Aufmerksamkeit auf das Glück. Dies kannst du tun, indem du einmal für alles dankst, was du hast. Oft nehmen wir viele Dinge für ganz selbstverständlich und fühlen dennoch eine Unzufriedenheit in uns, wollen mehr. Damit richtest du dein Sein auf Mangel statt auf Fülle aus.

Das Schwein fordert dich auf, innezuhalten und zu schauen, was du alles hast, was du bisher erreichen konntest und wo das Glück in deinem Leben liegt. Es kann nicht außerhalb von dir geschaffen werden. In dir selbst liegen das Glück und das Gefühl für Glück. Wann warst du das letzte Mal richtig glücklich? Verbinde dich ganz fest mit diesem Gefühl. Lade es in dein Leben ein. Feiere dein Dasein, indem du anerkennst, was du geleistet hast. Schaue, was noch zu Ende gebracht werden sollte, damit es überhaupt Erfolg bringen kann.

Das Schwein lenkt deine Aufmerksamkeit auf die Fülle des Lebens, auf den Reichtum der Erde und auf die Versorgung durch die Große Mutter. Sie ist immer und in jeder Situation da. Schau dich um. Du bist versorgt. Das Schwein zeigt dir die Fruchtbarkeit, Kraft und Schönheit der Erde. Schöpfe aus dem Vollen.

Affirmation

»Wohlstand und Fülle sind bereits in mir, sie zeigen sich in meinem Leben – jetzt!«

SPECHT

IMAGINATION

Bedeutung der Karte

Neuerungen kündigen sich auf sanfte, liebevolle Weise an. Öffne dein liebendes, fühlendes Herz. Folge deinem Herzschlag. Alles ist bereits in dir. Es ist Zeit, die Bahnen, die andere Menschen für dich bereitet haben, zu verlassen und dich auf deinen einzigartigen Weg zu begeben. Setze dich für deine Angelegenheiten ein.

Erklärung

Klopft der Sprecht an, so wird es Zeit für dich, deinem eigenen Weg zu folgen und dein Leben aktiv zu gestalten. Welche Änderungen wünschst du dir in deinem Leben? Wenn du ein unbeschriebenes Blatt Papier hättest und unbegrenzte Möglichkeiten, dein Leben zu gestalten, wie würdest du dein Leben verändern wollen? Was sind deine Herzenswünsche? Beschäftige dich aktiv damit.

Der Specht bringt die Gabe der Imagination. Mit der wunderbaren Kraft deiner Vorstellung, mit Trancereisen auf dem Herzschlag der Trommel, mit Meditation oder anderen Methoden der Innenschau wird es dir immer leichter fallen, auf dem Pfad deines Herzens zu wandeln. Im Zentrum deines Herzens fließen alle leuchtenden, strahlenden Kräfte zusammen, um dir zu deinem Wohle und Besten die nächsten Schritte zu offenbaren.

Es wird Zeit, dass du dich auf dein wunderbar leuchtendes Zentrum besinnst, bedingungslos darauf hörst und dich für deine Angelegenheit mit Nachdruck und Liebe einsetzt. Der lebendige liebende Geist wirkt durch dich. Wandlung und Heilung werden geschehen, wenn diese Kräfte fließen. Halte nicht länger mit Informationen, Gefühlen, Gedanken und dem Ausdruck deiner selbst zurück, sondern sei präsent, drücke dich aus, teile dich mit, und sprich über das, was dich beschäftigt. Dies kann für dich und andere wichtiger sein, als du meinst.

Affirmation

»In guten Kräften wunderbar geborgen, folge ich meinem Weg und verleihe der vitalen Kraft in mir einen gesunden, lebendigen Ausdruck. Heilung geschieht auf allen Ebenen – jetzt!«

SPINNE

SCHÖPFERKRAFT

Bedeutung der Karte

Du bist versorgt, eingebunden und getragen im Netz des Lebens. Nimm den Faden deines Lebens selbst auf, und lerne, ihn zu spinnen und zu leiten. So kannst du dich aus Verstrickungen befreien. Es ist Zeit, dass du das Licht in der Dunkelheit und das wahre Potenzial deiner Kraft erkennst. Du wirst ungeahnte Freiheiten erleben, und neue Möglichkeiten tun sich dir auf.

Erklärung

Die Schicksalsweberin taucht in deinem Leben auf, um dich daran zu erinnern, dass du mit allem verbunden bist. Im großen Netz hat alles seinen Platz. Jedes Leben ist darin ein Faden, der am Weltenschicksal mitwebt. Die Spinne kommt in dein Leben und bringt dich mit der weiblichen Seite in dir in Berührung: mit der Stille, in der sich die Visionen offenbaren; mit der Dunkelheit, in der die Träume und Visionen gewebt werden; mit den Verstrickungen, die uns unbewusst und schicksalhaft miteinander verbinden, die wir jedoch auch lösen und umgestalten können; mit der Ahnung und den weiblichen Ahnen; mit der Kraft der Träume, der Intuition, der feinen Wahrnehmung, dem Rückzug und der Innenschau. Diese weibliche Seite in dir wünscht Erlösung und lässt dich die Dinge aus einem neuen lichtvollen, lebendigen Blickwinkel betrachten. Du bist Mitschöpfer deines Lebens. Deine Träume, deine Visionen, deine Worte, deine Gefühle, deine Gedanken haben Kraft. Wie setzt du diese ein? Wie spinnst du deinen Lebensfaden? Du bekommst immer wieder neue Gelegenheiten. Lerne aus alten Situationen, und nutze die neuen Chancen, um deinen Schicksalsfaden neu zu weben.

Affirmation
»Ich webe meine Visionen und Träume und bringe sie in die Welt.«

Steinbock

Willensstärke

Bedeutung der Karte

In deinem Leben beginnt eine neue Wachstumsphase. Lasse das Gestern hinter dir. Besinne dich auf das Heute und auf das, was ansteht. Konzentration, Ausdauer und Kraft sind jetzt erforderlich. Arbeite beständig daran, auf deinem Lebenspfad zu bleiben. Dein Weg wird dir Erfolg und Aussicht auf etwas Größeres bringen.

Erklärung

Manchmal bringen andere uns – und wir anderen – karmische Lektionen. Das ist so vorgesehen, damit wir Gelegenheit erhalten, alte Muster und Verhaltensweisen hinter uns zu lassen, uns neu auszurichten im Sinne des göttlichen Plans, nach dem wir angetreten sind. Wir lernen, neue Fähigkeiten zu trainieren und unsere eigene Kraft zu entwickeln. Wir wachsen in ein neues Sein. Betritt der Steinbock dein Leben, so erinnert er dich an deine Willenskraft und deine innere Stärke, mit denen

du auch dunkle, schwierige, gefährliche und steile Pfade überwinden kannst. Besinne dich auf die Quelle in dir, sie wird dich auch in kargen Zeiten führen. Halte dich nicht mit unnützen Dingen auf, sondern tue das, was getan werden muss, und konzentriere dich auf deine Absicht und dein Lebensziel. Lasse dich durch nichts ablenken. Wisse, es ist alles gut so, wie es ist, und hat seinen Sinn, auch wenn dieser vielleicht erst viel später klar wird.
Der Steinbock schenkt dir unerschütterliche Willenskraft, Zähigkeit, Ausdauer und den Mut, dich mit den Schatten, dunklen Seiten und alten Erlebnissen auseinanderzusetzen. Er sorgt dafür, dass du nicht darin untergehst, sondern deinem Ziel immer weiter folgst, die Bergspitze und das lebenspendende Licht nicht aus den Augen verlierst. In der Konzentration auf deine innere Stärke wirst du die Abgründe und Schatten in dir besiegen. Dein Weg wird dir neue Kraft und Erfolg bringen.

Affirmation

»Ich gehe unerschütterlich meinen Weg. Das Göttliche führt mich, und nichts kann mich abbringen. Erfolg und Sieg liegen auf meinem Weg. Danke.«

TIGER

BEGEISTERUNG

Bedeutung der Karte

Unbändige Kraft ist in dir. Entfessele sie. Lerne, sie zu lenken und zu leiten. Beschränke dich nicht auf die alltäglichen Muster und Gewohnheiten. Erinnere dich an die Schöpferkraft in dir, und verleihe ihr lebendigen praktischen Ausdruck. Entdecke die Welt in dir neu. Mut und Durchsetzungskraft sind gefragt, es gilt, den richtigen Zeitpunkt zum Handeln zu erkennen.

Erklärung

Der Tiger kommt in dein Leben, um dich herauszufordern und dein inneres Feuer zu entfachen. Was ist mit deinem inneren Feuer? Wie steht es um deine Schöpferkraft? Wie verleihst du dir und deiner Kraft Ausdruck? Wie nimmst du sie wahr, und wie wünschst du sie dir? Wie und wofür setzt du sie ein?

Der Tiger lehrt dich die Selbstmeisterung. Er lässt dich das Schöpferfeuer und die ewige Flamme in dir finden.

Vielleicht wurden diese verschüttet, vergraben oder von anderen Kräften besetzt, sodass dein Licht nicht richtig leuchten kann. Doch im Tiger hast du einen mächtigen, feurigen Verbündeten, der dir hilft, diese mächtige, kraftvolle, ewig währende Flamme zu entfachen, ihre Kraft zu beherrschen und im richtigen Maße einzusetzen und zu leben.
Beschäftige dich mit deiner Kraft, mit dem Feuer in dir. Lerne es kennen, es zu entfachen und im rechten Bewusstsein einzusetzen. Du verfügst über eine natürliche Autorität – sie ist gottgegeben. Besinne dich auf sie. Wenn du in deiner vollen Kraft bist, brauchst du nicht mehr mit Grenzüberschreitungen und Grenzverletzungen zu rechnen und hast nichts, aber auch gar nichts zu befürchten. Deine volle innere Kraft ist der beste Schutz. Das Entfachen des inneren Feuers bringt Heilung.

Affirmation

»Ich entfache das Feuer in mir und lenke es zu meinem Wohl und zum Wohle aller Beteiligten. Das Feuer in mir heilt und stärkt mich.«

VOGEL

SEELENFEUER

Bedeutung der Karte

Die Boten des Himmels senden dir lichtvolle Zeichen. Die strahlende Kraft der Engel begleitet dich auf deinem Weg. Lausche den wunderbaren Botschaftern des Himmels. Sie haben dir Wichtiges mitzuteilen. Alles ist gut. Du bist beschützt und behütet auf all deinen Wegen. Öffne dich.

Erklärung

Zeigt sich ein Vogel in deinem Leben, so ist dies ein Zeichen dafür, dass die himmlischen Botschafter versuchen, dich zu erreichen. Manchmal ist unser Leben so voll mit unseren Gedanken, unserer Arbeit oder unseren Gefühlen, dass wir die Zeichen des Himmels nicht mehr wahrnehmen können. Wir verlieren die Verbindung zur Quelle in uns.

Nur ein leeres Gefäß kann etwas aufnehmen, nur ein empfangender Geist kann etwas hören. Nimm dir Zeit, mache dich leer und stelle deine Antennen auf Emp-

fang ein, indem du einfach da bist, lauschst, zuhörst, meditierst, dich innerlich öffnest und dich wieder anschließt an die innere Quelle.
Eine Mitteilung wartet darauf, von dir entdeckt zu werden. Vielleicht kommt sie auch zu dir, wenn du Tagebuch schreibst und über Erlebtes reflektierst. Die Botschaften können je nach himmlischem Boten sehr unterschiedlich sein, so, wie es die unterschiedlichsten Vogelarten gibt. Sie können aus den Ahnen-, Toten-, Himmel- und Engelreichen kommen oder von Menschen, die uns nahestehen. Auf jeden Fall sind es Botschaften des Lichtes, die wichtig für uns sind, uns Mut machen, Kraft geben und das Licht auf unserem Wege leuchten und strahlen lassen. Die Botschafter des Himmels sind uns allzeit von Herzen zugetan und dienen unserem Besten. Höre ihnen zu.

Affirmation

»Ich öffne mich den Botschaften meines Herzens. Ich bin allzeit geschützt, gut behütet und werde geführt auf all meinen Wegen. Die Liebe und das Licht sind mit mir.«

WAL

RÜCKVERBINDUNG

Bedeutung der Karte

Es tritt Ruhe ein in die Bewegungen des Lebens. Verankere dich in dir. Dein Meister, dein Heiler, deine Trösterin, dein Schutz und deine Kraft – alles ist bereits in dir. Wenn du gut und sicher in dir verankert bist, kannst du sein, wo du willst – du kommst überall nach Hause, zu dir. Du kommst an und kannst von dort aus die Verbundenheit mit allem fühlen.

Erklärung

Wo bist du zu Hause? Woran hältst du dich noch fest? Wo zwingst du dem, was ist, deinen Willen auf, statt es anzunehmen, dich hinzugeben und dem Lauf der Dinge zu folgen? Du wirst immer wieder auf dich selbst zurückgeworfen. Nicht weil man dir wehtun will, sondern weil du nach deinem Zuhause, nach der Quelle des Seins gefragt hast. Suche den Anker nicht in der Außenwelt, denn diese unterliegt starken Bewegungen, Veränderungen und Wandlungen.

Die Gesänge des Wales erreichen dich, um dich daran zu erinnern, dass du in dir selbst zu Hause bist. In dir findest du alles, was du brauchst, um Heilung, Weisheit, Kraft, Liebe und Geborgenheit zu erfahren. Wenn du bei dir bist, dann kannst du die Welt so lassen, wie sie ist, Veränderungen so hinnehmen, wie sie kommen, und fühlst, dass du getragen wirst im Ozean dieser Welt. Veränderungen kommen und gehen. Mal geht es in die Tiefe, mal in die Höhe. Alles folgt dem kosmischen Rhythmus, seiner Gültigkeit und seiner Gesetzmäßigkeit.

Wer sein Zuhause in sich gefunden hat, der kann sein, wo er will, er hat immer eine gute Anlaufstelle in allen Belangen. Er findet seinen Ton, seinen Rhythmus im Einklang mit dem Kosmos.

Ziehe dich zurück in den Bauch des Wales, und lasse die Wandlung geschehen. Sie braucht ihre vorbestimmte Zeit. In der Stille wirst du merken, wie das Feld dich trägt und alles zur rechten Zeit am rechten Ort geschieht.

Affirmation

»Ich bin zu Hause in mir. In mir finde ich alles, was ich brauche. Frieden sei, Stille, im Wissen, Gott ist mit mir.«

Wolf

Führungskraft

Bedeutung der Karte

Folge dem Ruf deiner Seele. Dein geistiges Erbe erwacht, eine Initiation steht bevor. Du bist so weit. Tritt dem Feind in dir gegenüber, und besiege ihn. Jetzt ist die Zeit, deine Fähigkeit zur Führung anzunehmen und eine größere Gruppe sicher zu führen und anzuleiten. Klare und eindeutige Kommunikation ist wichtig.

Erklärung

Du befindest dich in einem Reifeprozess, in dem sich ein neuer Abschnitt ankündigt. Hörst du den Ruf deiner Seele? Die Reihe ist nun an dir. Bist du bereit, dein geistiges Erbe anzutreten? Bist du in der Lage, die Verantwortung und Führung in deinem Leben zu übernehmen und deinen Dienst an der Welt anzutreten?
Der Wolf zeigt sich in deinem Leben, um dich zu initiieren. Einerseits ist es nun wichtig, dass du die Einsamkeit suchst, dich den eigenen Schatten stellst,

deiner Eingebung lauschst, dich selbst kennenlernst. Andererseits ist es wichtig, dass du lernst, dich klar und unmissverständlich auszudrücken und erfolgreich zu kommunizieren, außerdem deine Kräfte einzuschätzen, dein Leben auszubalancieren und zu schauen, was du in deinem Leben willst.
Du wirst vorbereitet, geprüft und geschult für einen erhabeneren Kreis der Kraft. Das ist nicht immer angenehm und bequem, aber wisse, es dient einem höheren Zweck. Zu einem späteren Zeitpunkt wirst du wissen, warum bestimmte Dinge in deinem Leben geschehen mussten. Alle Ereignisse in deinem Leben haben einen Sinn, halten eine Lektion bereit und trainieren dir neue Fähigkeiten an, vorausgesetzt, du lässt dich nicht entmutigen, sondern schreitest voran auf deinem Weg. Lerne dich und deine Grenzen kennen, und bringe zum Ausdruck, was für dich stimmt.

Affirmation
»Ich vertraue der Stimme in mir und drücke mich klar, deutlich und unmissverständlich aus. Menschen, die von mir geführt werden, sind sicher und in guten Händen.«

LEERE KARTE

ALLES IST MÖGLICH

Bedeutung der Karte

Alles ist offen, weit und grenzenlos. Du bist von wunderbaren Kräften geschützt, sie umgeben dich. Verbinde dich mit ihnen. Sie schenken dir Kraft und Weisheit in jeder Situation, geben dir den passenden Rat und leiten dich zur rechten Handlung an. Deine Kraft möchte zunehmen und unabhängig von dieser Welt strahlen. Erwecke dein Zweites Gesicht, deine geistige Natur.

Erklärung

Dieses Feld ist offen für dein ganz persönliches Krafttier. Es kann sein, dass es keines der Tiere in diesem Kartenset ist. Wenn du es kennst, bist du aufgerufen, dich mit seiner Kraft zu verbinden, und wenn du es nicht kennst, solltest du es kennenlernen. Es kann auch sein, dass sich gerade ein neues Krafttier in deinem Leben zeigen will, das dich in dieser Phase deines Lebens unterstützen wird. Dazu ist Ruhe, Zeit,

Stille und Leere erforderlich. Ein leeres Gefäß kann aufnehmen, ein ruhiger Geist kann zuhören.
Du wirst begleitet und behütet von schützenden Kräften, die dich umgeben. Bist du bereit, sie zu erfahren? Schau dich einmal bewusst in deiner Umgebung um. Kannst du ein Tier entdecken? Wenn du deine Augen schließt und dich konzentrierst, welches kommt dir dann spontan in den Sinn? Welche Eigenschaften und Fähigkeiten hat es? Welche Kraft könnte es dir bringen? In deinem Inneren findest du alle Antworten auf deine Fragen. Du kannst eine Trommelreise machen, um dein Krafttier zu finden. Bitte darum, deinem Krafttier begegnen zu dürfen. Schalte eine CD mit Trommelmusik ein. Stelle dir einen Eingang in die Untere Welt vor, den du auch in der Realität kennst: eine Quelle, ein Baum, dessen Wurzeln dich nach unten führen. Rufe dein Krafttier. Es zeigt sich in der Regel drei- bis viermal von verschiedenen Seiten. Tritt in Kontakt. Bedanke dich. Kehre zurück ins Hier und Jetzt.

Affirmation
»Ich öffne mich für die Kraft in mir. Sie wird nun strahlend, funkelnd, leuchtend und umgibt mein ganzes Sein.«

Danksagung

Ich möchte meinem Mann Murat Karaçay danken, der an diesem Krafttierorakel vom ersten Moment an tatkräftig mitgewirkt und damit dazu begetragen hat, es in die Welt zu bringen. Danke von Herzen!

Von Herzen auch ein großes Dankeschön an die Verleger Heidi und Markus Schirner, an das Lektorat, die Grafik für den wunderbaren Satz und die Gestaltung und an alle Mitwirkenden, die die genialen Bilder beigesteuert haben, ganz besonders Anke und Andreas Müller und Simone Fleck.

Ein großer Dank gilt allen Tierwesen, die mir schon oft auf inneren wie auf äußeren Ebenen wichtige Botschaften und Zeichen zukommen ließen. Mögen wir Fähigkeiten entdecken, die uns helfen, jede Herausforderung im Leben zu meistern.

Jeanne Ruland

Über Jeanne Ruland und Murat Karaçay

Jeanne Ruland war Autorin, Wegbereiterin in die Neue Zeit, Engelmedium, Lehrerin und internationale Seminarleiterin. Sie unterrichtete Natur-, Engel-, Meister- und Strahlenlehre, Huna sowie die Lehre der Heiligen Geometrie. Ihr fundiertes Wissen und ihre langjährige Erfahrung in der Energiearbeit gab sie gern weiter, um zu erinnern und zu erwecken. Am 13. November 2021, einem Engeltag, ist Jeanne Ruland ins Licht gegangen. Durch ihre zahlreichen Werke bleiben ihr unglaubliches geistiges Erbe, ihre Vision einer besseren Welt und ihr außergewöhnliches Licht unvergessen. www.shantila.de

Murat Karaçay beschäftigt sich seit Jahren sowohl auf beruflicher als auch auf privater Ebene visuell mit Spiritualität. In den letzten 22 Jahren hat er zu verschiedensten Themen – von Astrologie bis Zen-Buddhismus – für unterschiedliche Verlage über 1000 Buchcover gestaltet. Gemeinsam mit seiner Frau Jeanne Ruland hat der Media Designer, Digital Artist und Fotograf an Buch-, Karten- und CD-Projekten gewirkt. www.spiritualmedia.de

Bildnachweis

Bilder von der Bilddatenbank www.shutterstock.com:
Box: #87120133 (©wenani), #159213962 (©Melpomene), #162756104 (©TSpider), #219215665 (©Kushch Dmitry), #341829773 (©Stephanie Periquet), #379547776 (©Anan Kaewkhammul), Schmuckelemente auf allen Karten: #87120133 (©wenani), #141232369 (©kaisorn), Weitere Bilder: Eule: #270202490 (©duangnapa_b), Wolf: #92433409 (©Nagel Photography), Schmuckelemente (Booklet): #169686773 (©Transia Design)

Bilder von der Bilddatenbank pixabay.com:
Dachs (©Beeki), Fuchs (©Simon Bardet), Maus (©Alexandra Stockmar), Ratte (©kirahoffmann)

Bilder von ©Murat Karaçay:
Adler, Affe, Biber, Delfin, Drache, Einhorn, Falke, Frosch, Geier/Kondor, Jaguar, Kranich, Krokodil, Lachs, Pegasus, Phönix, Robbe, Schildkröte, Specht, Wal

Bilder von ©Andreas Müller:
Bär, Elch, Fisch, Hirsch, Kojote, Kolibri, Krebs, Panther/Leopard, Otter, Rabenvogel, Tiger

Bilder von ©Simone Fleck:
Elefant, Ente, Fledermaus, Kobra, Löwe, Schlange, Schmetterling, Spinne, Vogel

Bilder von ©Anke Müller:
Büffel/Bison, Eidechse, Hase/Kaninchen, Hund, Katze

Bilder von ©Markus Schirner:
Eichhörnchen, Esel, Gans, Hahn/Henne, Kamel, Kuh, Luchs, Pferd, Schaf/Widder, Salamander, Schwan, Schwein, Steinbock

Ebenfalls von Jeanne Ruland erschienen im Schirner Verlag

Krafttiere
begleiten dein Leben
432 Seiten
ISBN 978-3-8434-1297-1

Fühlen Sie sich zu einem bestimmten Tier besonders hingezogen? Dann lauschen Sie der Botschaft dieses Tieres, denn es hat Ihnen etwas zu sagen!
Von A wie Adler bis Z wie Ziege: Mehr als 140 Krafttiere umfasst der Bestseller und Schirner-Klassiker und stellt sie mit ihrer jeweiligen Energie, Lebensweise und Bedeutung in verschiedenen Epochen und Kulturen sowie als Spirit für den Menschen vor.

Helfertiere
Krafttiere als Wegbegleiter für besondere Lebensphasen

368 Seiten
ISBN 978-3-8434-1437-1

Krafttiere können so vielfältig sein wie die Menschen, denen sie begegnen. Dabei tauchen bestimmte Tierspirits wie Löwe, Wolf oder Adler häufig auf. Doch was ist mit dem aufgeweckten Beagle, der anmutigen Angorakatze, Ameisen, Rotkehlchen oder den längst ausgestorbenen Dinosauriern? In der Fortsetzung von »Krafttiere begleiten dein Leben« widmet sich die beliebte Krafttier-Expertin Jeanne Ruland mehr als 100 ungewöhnlichen Tierbegleitern, darunter viele Hunde- und Katzenarten, und gibt Tipps und Impulse zur Kommunikation mit dem geistigen Tierreich.

Schirner Verlag